Love Is More Powerful Than Violence

사랑은 폭력보다 강하다

김 영 석 지음

기독교문서선교회

기독교문서선교회(Christian Literature Center: 약칭 CLC)는
1941년 영국 콜체스터에서 켄 아담스에 의해 시작되었으며
국제 본부는 영국의 쉐필드에 있습니다.

국제 CLC는 59개 나라에서 180개의 본부를 두고, 약 650여 명의
선교사들이 이동도서차량 40대를 이용하여 문서 보급에 힘쓰고 있으며
이메일 주문을 통해 130여 국으로 책을 공급하고 있습니다.

한국 CLC는 청교도적 복음주의 신학과 신앙서적을 출판하는
문서선교기관으로서, 한 영혼이라도 구원되길 소망하면서
주님이 오시는 그날까지 최선을 다할 것입니다.

Love Is More Powerful Than Violence

Written by

Young Seog Kim

Copyright © 2015 by Christian Literature Center
Seoul, Korea

추천의 글 1

김은호
오륜교회 담임목사

> 아무에게도 악을 악으로 갚지 말고 모든 사람 앞에서 선한 일을 도모하라 (롬 12:17).

악으로 악을 이기고자 애쓰는 세상 속에서 선으로 악을 이기기란 결코 쉽지 않습니다. 그러나 여기 선으로 악을 이겨내는 훌륭한 분이 계십니다. 저자는 자신의 교정선교 사역을 통해 사랑이야말로 세상 그 어떤 폭력보다 강력한 힘이 있다고 주장합니다. 수많은 교정 대상자들을 오직 그리스도의 사랑으로 변화시킨 저자의 간증을 통해, 폭력보다 강한 이 사랑의 감격을 회복하시길 간절히 소원합니다.

추천의 글 2

정 대 철

전 민주당대표, 서울구치소 교정위원

    이 책은 담 안에 갇힌 이들의 치유와 화해를 위하여 쓰여졌습니다. 하나님으로부터 특별한 부르심을 받으신 김영석 목사님이 헌신적으로 사역을 하시면서 경험하신 아름답고 감동적인 이야기들은 갇힌 이들뿐 아니라 우리의 마음도 평화롭고 풍성하게 합니다.

    예수 그리스도께서는 지극히 작은 이들을 향한 동행과 환대를 당신을 향한 섬김과 동일하게 여기십니다.

    내가 주릴 때에 너희가 먹을 것을 주었고
    목마를 때에 마시게 하였고

> 나그네 되었을 때에 영접하였고
> 헐벗었을 때에 옷을 입혔고
> 병들었을 때에 돌보았고
> 옥에 갇혔을 때에 와서 보았느니라(마 25:35-36).

　지극히 작은 이들이 주릴 때 먹을 것을 주고, 목마를 때 마시게 하고, 나그네 되었을 때 영접하고, 헐벗었을 때 입히고, 병들었을 때 돌보고, 옥에 갇혔을 때 가서 돌보는 그 사랑의 실천이 바로 주님께 한 것이라는 말씀입니다.
　그러므로 옥에 갇힌 이들을 비롯한 작은 이들을 향한 사랑의 실천은 이 땅의 치유와 화해를 위해 일하시는 하나님의 영성이며 전략일 것입니다. 우리는 또한 그 동행과 환대의 과정 속에서 그 작은 이들이 하나님의 은총으로 그리스도와 연합되어 치유되고 화해된 인간 존재로 변화되고 새로운 소명의 자리로 나아가는 것을 보면서 적지 않은 보람을 느끼게 됩니다.
　교정선교를 위해 헌신하고 계시는 김영석 목사님께 계속 성령 하나님의 능력이 넘치기를 기원합니다. 아울러 한국 교회 공동체에 담 안에 갇힌 이들과 동행하며 그들을 환대하는 이 치유와 화해의 사역에 더 많이 동참하고 힘을 더 내 주시기를 간곡히 부탁드립니다.

추천의 글 3

송 주 섭

전 서울지방교정청장, 사단법인 한국교정선교회 이사장

화려하고 풍요로운 환경 속에서 행복과 평화로움을 즐기기보다는 이기적인 탐욕과 무법자들의 폭력으로 인해 불안과 공포에 휩싸여 지내는 사람들이 많이 있습니다.

그러나 이러한 불안과 공포에 눌리지 않고 빛으로 어두움을 이기고 사랑으로 미움을 이기며 믿음으로 고통을 이기는 사람들이 있습니다. 『사랑은 폭력보다 강하다』는 이러한 사람들의 이야기를 들려주고 있습니다. 이 아름다운 이야기를 들을 수 있음에 하나님께 감사를 드리고 이 책의 출간을 진심으로 축하합니다.

김영석 목사님은 농협에서 근무하시다가 "옥에 갇힌자를 돌아보라"는 주님의 말씀을 통해 소명을 받고 교도관으로 전직을 하실 만큼 갇힌 자를 사랑하시고 주님의 말씀을 행동으로 실천하시는 뜨거운 열정을 가진 믿음의 사람, 성령의 사람이십니다. 인생의 벼랑 끝에서 극한 고난을 겪고 있는 수용자와 최고수(사형수)들에게 전능하신 하나님을 믿고 의지하도록 전파하시고 그들에게 하나님의 존재와 능력을 놀랍게 체험케 하시는 김영석 목사님의 아름다운 사역에 축하와 박수를 보냅니다.

엄청난 죄를 저지른 이들이 형 집행되기 전 거하는 곳은 구치소나 교도소이며 이들을 돌보는 일은 교도관들의 몫입니다. 교도관들의 업무가 이들을 바른 사람으로 교육하는 것이지만, 사실 수용자 구금확보와 관리·보호만으로도 고되어 종교행사나 신앙교육까지 관심을 기울이고 시행할 수는 없는 실정입니다. 그래서 김영석 목사님과 같은 종교위원들께서 그 부분을 감당하고 있습니다. 하나님은 지금도 열악한 여건 속에서도 김영석 목사님처럼 이름 없이 빛도 없이 헌신하시는 분들을 도구로 사용하시고 계십니다.

김영석 목사님의 증인된 삶을 통하여 많은 사람들이 하나님의 존귀와 놀라운 능력을 더 많이 체험케 되기를 바라며 『사랑은 폭력보다 강하다』의 발간에 깊은 감사와 축하를 드립니다.

추천의 글 4

정 종 기
성결대학교 지역사회과학부 교수, 인간회복연구소 소장

어느 사형수 형제가 마지막 사형 집행장에서 이런 말을 했다고 합니다.

사랑은 폭력보다 강합니다! 그리고 세상은 참 아름답습니다. 예전에도 제가 이처럼 세상을 아름답게 바라볼 수 있었다면 지금 이 자리에 있지는 않았을 것입니다.

눈이 닫혀 있는 사람은 아름다운 자연을 볼 수 없듯이 영적으로 눈이 가려진 사람은 하나님도 그분의 피조물의 아름다움도 볼 수 없습니다. 사도 바울도 다메섹 도상에서 예수님을 만나고 나서야 눈이 열려 하나님을 발견하고, 예수님의 복음을 위해 살게 되었습니다. 누가 그 사형수 형제의 닫힌 눈을 열어 주었을까요? 예수님이 그 형제의 닫힌 눈을 열어 주신 것입니다. 예수님을 만난 사람만이 그 눈이 열립니다.

저는 김영석 목사님을 한국교정선교회에서 만났습니다. 그분을 통해서 저는 진정한 사랑과 겸손을 발견했습니다. 세상을 떠들썩하게 했던 지존파나 다른 흉악한 범죄를 저지른 자들도 그분을 만나 예배를 드리고 성경공부를 하다 새 사람이 되어 옥중 전도자로 거듭났습니다. 그분은 지금도 이름만 대면 누구나 알 수 있는 사형수 형제들을 여러 사람 양육하고 있습니다.

김영석 목사님에겐 갇힌 자들에 대한 특별한 사랑이 있습니다. 그렇게 악했던 자들이 변화되는 묘약은 다름 아닌, 그분이 품고 있는 그리스도의 사랑입니다. 그분은 정든 직장을 사직하시고 교도관으로 직장을 옮기실 만큼 갇힌 자들의 영혼을 사랑하십니다. 지금은 목회를 하시면서도 수용자 예배 인도 및 상담, 사형수 예배 및 성경공부, 교도관선교회 예배, 경비교도대 예배 및 성경공부, 수용자 징벌위원회 등 많은 사역을 감당하고 계십니다.

김영석 목사님은 교정선교 활동을 수십 년 하시면서 얻은 결론, 곧 형벌보다 사랑이 더 큰 매라는 메시지를 이 책에 담으셨습니다. 이 책을 통해서 다시금 그분의 겸손과 사랑을 느끼게 됩니다.

저자 서문

할렐루야!

화술도 문장력도 없는 제가 하나님이 주신 은혜를 나누고 싶어서 이렇게 용기를 내어 나서 봅니다. 예수님을 믿고 받은 은혜와 사랑의 빚을 진 자로서 옥에 갇힌 영혼들을 불쌍히 여기는 마음 하나로 지금까지 왔습니다. 지금까지 모든 일을 도우시고 인도하신 하나님께 감사드립니다. 그동안 저와 함께하셔서 수많은 은혜와 사랑을 체험케 하신 하나님의 놀라운 은총들을 함께 나누고 싶어 조심스럽게 펜을 들었습니다. 특별히 부족한 저를 주의 종의 반열에 세워주시고 지금까지 옥에 갇힌 이들을 돌보며 받은 은혜와 체험들을 『사랑은 폭력보다 강하다』라는 이 작은 책에 담아 함께 나누려 합니다.

지금까지 교정선교를 위해 물심양면으로 도와주신 분들과 특별히 이 책의 추천사를 써주신 분들, 그리고 매일 기도해주신 우리 어머님, 으뜸사랑교회 가족들, 원고 편집과 교정을 맡아 수고한 하나님이 주신 딸 민영이, 아내 배현욱 사모와 아들 민우, 민재에게 감사하며 이 기쁨을 함께 나누고자 합니다.

미움은 다툼을 일으켜도 사랑은 모든 허물을 가리느니라(잠 10:12).

이 말씀처럼 세상의 모든 사람은 사랑을 받지 않아도 될 만큼 넉넉한 사람도 없고, 사랑을 주지 못할 만큼 부족한 사람도 없습니다.

하나님은 사랑이심이라(요일 4:8).

우리가 사랑의 빚진 자로서 형제를 사랑하는 것은 당연한 일이며 우리 예수님의 명령이기도 합니다.

너희가 여기 내 형제 중에 지극히 작은 자 하나에게 한 것이 곧 내게 한 것이라(마 25:40).

우리 주님의 이 말씀을 기억하며, 소외된 자, 가난한 자, 병든 자, 옥에 갇힌 자를 섬기려는 마음으로 서울구치소 근처에 교회를 설립하고 교정선교를 지금까지 해오고 있습니다.

또한 으뜸사랑교회 내에 법무부 사단법인 한국교정선교회 경기도 지회 사무실을 두고 교정사역을 하고 있습니다. 이 글을 읽는 모든 분들께 하나님의 은총이 늘 함께하시기를 기원합니다.

2015년 2월
김 영 석 識

추천의 글 1　김 은 호 | 오륜교회 담임목사　5
추천의 글 2　정 대 철 | 전 민주당대표, 서울구치소 교정위원　6
추천의 글 3　송 주 섭 | 전 서울지방교정청장, 사단법인 한국교정선교회 이사장　8
추천의 글 4　정 종 기 | 성결대학교 지역사회과학부 교수, 인간회복연구소 소장　10
저자 서문　12

1부 – 지존파 사형수 강창섭(가명)이 예수님을 영접하다

　1. 교정선교와 나의 인생 / 18
　2. 지존파 사형수의 예수님 영접 / 25
　3. 지존파 강창섭의 생일 / 36
　4. 사형장에서 드리는 마지막 예배 / 46
　5. 경비교도대 선교와 징벌위원회 / 54

2부 – 사랑은 폭력보다 강하다

　1. 용서는 축복의 통로 / 62
　2. 사랑은 폭력보다 강하다 / 68
　3. 구원에 이르는 진정한 회개 / 83
　4. 지극히 작은 자 하나 / 101
　5. 교정선교는 벼랑 끝 선교다 / 116

3부 – 하나님 나라

1. "내 눈을 드리겠습니다" / 124
2. 나 같은 죄인도 용서받을 수 있나요? / 136
3. 내 주 예수 모신 곳은 그 어디나 하늘나라 / 142
4. 사랑의 힘은 의지를 이긴다 / 147
5. 어느 사형수의 타종교로의 개종 / 152

4부 – 교도소는 선교의 황금어장

1. 교도소에서 방언을 받았어요! / 160
2. Thank you pastor!(외국인수용자 예배) / 167
3. 풀린 자 선교 / 178
4. 전도는 왜 해야 하는가? / 181
5. 으뜸사랑교회와 교정선교 / 188
6. 종교부지 추첨과 하나님의 도우심 / 197
7. 으뜸사랑교회 새 예배당 건축 / 204

글을 맺으며   215
교정선교 사진   219

Love is More Powerful than Violence

1부

지존파 사형수 강창섭(가명)이 예수님을 영접하다

1. 교정선교와 나의 인생
2. 지존파 사형수의 예수님 영접
3. 지존파 강창섭의 생일
4. 사형장에서 드리는 마지막 예배
5. 경비교도대 선교와 징벌위원회

1

교정선교와 나의 인생
"수용자들이 나를 목사로 만들었다"

    나는 전남 함평 신광이란 아주 작은 시골 마을 빈농의 아들로 4형제 중 차남으로 태어났다. 15살 때 친구를 따라 교회에 가게 된 것을 시작으로 지금은 오촌까지 대부분의 가족들이 예수님을 믿고 구원을 받게 되었다. 그때 당시는 가족과 일가친척 중에 누구 하나 예수님을 믿는 사람이 없었고, 그야말로 개척 신앙이었다. 그 후 막내 동생 그리고 형님, 어머니께서 믿게 되었고 지금은 사촌 오촌들 거의 가문 모두가 예수님을 믿고 교회 중심, 말씀 중심, 하나님 중심으로 살아가고 있다.

    나는 가정 형편상 진학을 보류하고 홀로 계신 어머니를 돕고 두 동생들의 학비를 조달하기 위해 일찍이 농협에 취업하여 일을 하게 되었다. 어느 날인가 내가 나가던 교회 장로님이 중학교 선생님이셨는데 내게 사형수 한 사람을 소개해 줄 테니 편지 왕래를 해보라고 하셨다.

그때 나는 그것이 계기가 되어 지금의 내 인생이요, 평생의 일이 되리라고는 꿈에도 생각하지 못했다. 사실 나는 목사가 되려는 꿈을 가진 것도 아니고 목사가 되기 위해 서원기도를 한 것도 아니다. 나는 담 안에 갇힌 형제 자매들을 통해서 목사가 되었다.

내가 장로님께 소개받아 편지를 주고받은 사형수는 그때 당시 세상을 떠들썩하게 했던 강도 강간범이었다. 그는 살인을 하지는 않았지만 끔찍한 '가정파괴범'으로 남의 가정을 파괴한 죄질이 너무 안 좋아 최고형인 사형을 선고받은 사람이었다. 4개월간 십여 차례 편지를 주고받았지만 그는 결국 예수님을 영접하지 못했다. 그가 답한 편지의 내용들은 천국도 지옥도 하나님의 존재도 부정하는 일관된 반박의 내용들이었다.

어느 날 내가 보낸 편지가 반송되어 왔다. 반송의 이유는 '사망'이라고 적혀있었다. 그가 '사형집행'이 되었다는 것이다. 나는 너무나도 안타깝고 허무했다. 나는 그 이후로 나의 부족함이 그를 믿음으로 연결하지 못한 것이 아닌가 죄책감까지 들게 되었고, 모든 일이 손에 잡히지 않았다.

그러던 중 문득 만약 내가 교도관이 되면 날마다 그 형제와 같은 사람들을 만날 수 있고, 선교를 할 수 있겠다는 생각이 들었다. 나는 곧 교도관이 되길 결심을 하였고 이를 위해 기도하기 시작했다.

그러던 어느 날 농협에서 근무할 때였다. 그날 점심을 먹고 난로

옆에 앉아 신문을 보다가 '교정직공무원 공개채용시험공고'를 보게 되었다. 이걸 보는 순간 나는 '이것이 기도 응답이구나!' 하는 생각이 들었고, 별다른 준비 없이 응시를 하였다. 그럼에도 불구하고 시험에 무사히 합격이 되어, 당시 서울 서대문구 현저동 소재 '서울구치소'에 1980년 1월에 임용되어 교도관으로서 근무를 시작하게 되었다.

교도관의 업무는 머리를 쓰고 연구를 하는 일은 아니지만, 그때만 해도 격일로 밤을 새워가며, 수용자들을 돌보고 관리하는 일이기에 육체적으로는 참 피곤하고 힘든 직장임을 실감했다.

교도관으로 1년 정도 지났을 때 처음으로 야간근무차 사동(수용자들이 생활하는 곳)에 들어가 근무를 하게 되었는데, 내가 신참 교도관인 줄을 알았는지 한 사형수가 밤중에 큰 소리로 담당을 불러댔다. 두근거리는 마음이지만 당당하게 뚜벅뚜벅 걸어서 소란을 피우는 감방 앞에 섰다. 험상 굳은 얼굴에 째려보는 그의 눈초리가 곧 나를 삼켜 버릴 것 같았다. 사실 겁은 났지만, 그래도 명색이 관리자인 내가 여기서 기가 죽으면 안 되겠다 싶어서 이렇게 말했다.

"이 밤중에 다른 사람들 다 자고 있는 시간에, 왜 이렇게 큰 소리를 지르는 거에요?"

그 말이 끝나자마자, 그는 욕으로 응수했다

"X발 X같아서 징역 못 살겠네."

이렇게 말하며 자신이 잡고 있던 쇠창살에 자기 머리를 들이받아 이마가 찢어지고 얼굴은 피범벅이 되었다. 사실 나는 수용자 앞에서는 태연한 척했지만 겁이 났다. 보안과에 인터폰으로 보고를 했는데,

전화를 받은 보안과 사무실의 선배 교도관의 첫마디는 이러했다.

"교도관 신고 제대로 했구나! 알았어! 곧 갈 테니 기다려."

인터폰이 끊기고 잠시 후 밖에서 철문을 여는 소리가 들리고 직원들이 도착했다. 사고를 친 사형수는 옮겨가고, 사동 안은 언제 그랬느냐는 듯이 조용했다. 다음날 그 사형수는 병원에 가서 상처를 봉합했다는 소식을 들었다. 나는 그날 밤 사동 담당 교도관으로 첫 밤을 보내며 처음으로 경위서라는 것도 써 보았고 정신없이 하룻밤을 꼬박 새웠다.

그리고 나니 직장을 옮길 만큼 뜨거웠던 선교의 열정은 간 곳 없고 수용자를 만나고 싶은 생각이 송두리째 사라졌다. '내가 이 직장으로 잘못 옮겨 온 것이 아닌가!'라고 후회를 하기도 했다. 또 한편으론 '그래도 내가 선교의 사명을 갖고 이곳에 왔는데, 이렇게 쉽게 무너져서야 되나!' 만감이 교차했다. 다시금 다짐을 하고 용기를 내보지만, 매일같이 대하는 사람들은 만만치 않은 상대들이었다.

어떤 수용자는 운동을 나가서 유리조각을 주워서 방에 가지고 들어가서 자기 배를 자해하고, 어떤 수용자는 각 방에 나누어 준 바늘을 모아다 삼켜 버려서 수술을 받아야 하기도 하고, 어떤 수용자는 바늘로 자기 입을 꿰매고, 어떤 수용자는 혀를 씹어서 교도관에게 피를 품기도 하고, 어떤 수용자는 간장이나 오물 등 심지어는 배설물까지 모아서 교도관에게 뿌리기도 했다. 정말 사람으로는 할 수 없는 잔인무도하고 교활하고 흉악한 사람들도 있었다. 정말 정이 떨어져서 당장이라도 사직을 하고 싶었던 때가 한두 번이 아니었지만, 그래도 '내가 선교의 사명을 갖고 이 직장으로 옮겨 왔는데, 이렇게 의지가 약해서 되겠는가!' 다짐하며 힘들어도 참고 견디어 나갔다.

나중에서야 깨달은 것은, 정말 이곳은 세상 어디에서도 만날 수 없는 복음의 황금어장임을 깨닫게 되었다. 교정선교는 하고 싶다고 해서 아무나 할 수 있는 선교도 아니고, 어렵다고 쉽게 포기해서도 안 될 일이다.

왜냐하면 우리 주님이 마태복음 25장에서 "옥에 갇힌 자를 돌아보았느냐"(마 25:43)고 말씀하신 것처럼 지은 죄는 밉지만, 정말 그들이야 말로 사랑 받기 위해 태어난 사람들이요, 복음의 대상이요, 주님이 말씀하신 '지극히 작은 자'들이기 때문이다. 단순한 직업의식만 가지고 교도관을 한다면 가장 어려운 직장일 것이다. 그러나 사명감으로 일을 한다면 더없이 좋은 직장이고 선교지임에 틀림이 없다. 그러나 나도 사람이기에 교도관이 되기 전 나름대로 결단과 각오와 기도를 하고 갔지만 막상 교도관이 돼보니 생각보다 힘든 일임을 실감하고 처음 마음이 흔들렸다. 그래서 얼마 동안 찬송가 355장 "부름 받아 나선 이 몸 어디든지 가오리다"란 찬송을 부르지 못했다.

그러나 주님은 어려운 일이 있을 때마다 기도하게 하셨고, 피할 길을 주셨다. 결국 주님이 내게 교도소선교의 사명을 주셨음을 확신하게 되었고, 교도관의 일에 기쁨이 생기게 되었다. 격일로 야간 근무를 하고 나면 그 다음 날은 피곤해서 집에 가서 쉬어야 하는 비번 날까지도 민원인 대합실에 나가 직원 선교회의 이름으로 "무엇을 도와 드릴까요"란 어깨띠를 두르고 면회 온 수용자 가족들의 불편함을 도와드리며 봉사를 했던 그 열심이 지금도 생각하면 가슴 뭉클하다. 어떤 선교든지 자신에게 주님이 주신 사명을 확신하면 기쁨과 감사함으로 감당하게 된다. 그 이후 나는 어언 15년 동안을 기쁨과 감사로 교도관 근무를 하였으며 수용자들에게 복음을 전하며 직장 내에서 신우회를 결성하여 직원(교도관) 복음화에도 힘쓰게 되었다.

나는 교도관이란 직업과 교정선교를 통해서 많은 것들을 배웠고, 또 다른 제2의 새로운 인생을 발견하고 부르심에 상을 좇아 살아가고 있다. 처음에는 사명에 대한 불확실 때문에 갈등했지만, 소명의식과 사명감을 깨닫고 성령이 충만한 상태의 사역의 내용은 분명히 다르다는 것을 깨달았다.

선교사든 목사든 하나님으로부터 부르심에 대한 확신과 확실한 사명의식이 꼭 필요하다. 이것이 없으면 사역하다 고난이 다가오면 쉽게 무너지고 포기하게 된다. 그러나 소명의식과 사명감이 확실한 사람은 넘어지는 한은 있어도 결코 포기하지는 않는다. 나 또한 시간이 지나면서 처음에 교도관이 되어 느꼈던 좌절감은 온데간데없어지고, 기쁨과 감사와 용기로 자신 있게 나아가 수용자들을 만날 수 있게 되었다. 자연스럽게 삶의 얘기도 나누었고, 복음제시도 하였으며, 필요로 하는 자에게는 성경책과 간증집도 사다 주었다. 사명감을 갖고 기쁨과 감사로 하다 보니 이젠 수용자들을 만나 근무를 하는 날이 오히려 기다려지고 기쁜 맘으로 근무를 하게 되었다.

그러나 가끔 수용자들이 성경을 보다가 의문이 생기면 질문을 해오기도 하는데 시원스럽게 답변을 해주지 못하는 것이 늘 안타까웠다. 그때 나는 전도사도 아니고 작은 교회의 총각 집사였다. 그래서 앞으로 교정선교를 계속하고 바로 하려면 신학공부를 해야겠다는 결심을 하게 되었다.

신학을 하면서도 많은 어려움과 갈등들이 많았다. 가족들의 반대, 직장의 특수한 근무조건, 직장 동료들의 질시, 육체적 피로감 등. 그럴 때마다 기도하지 않을 수 없었고 주님을 의지하지 않을 수 없게 되었다. 주님은 기도할 때마다 여러 모양으로 응답해 주셨고, 위로해 주셨다. 처음에는 기독교 교육학으로 시작하였는데, 하다 보니 점점 욕심이 생겨 신학을 하게 되었다. 대학원 과정을 거쳐 드디어 대한예수교장로회 합동측 교단에서 1994년 5월 5일 목사안수를 받았다. 그리고 1994년 7월 7일 전적인 주님 사역을 위해서 15년을 몸담은 직장 교정직공무원(교도관)을 사직하고 연세대학교 연합신학대학원에서 상담 및 심리학 공부를 하였다. 이는 수용자 상담 및 선교 사역에 큰 도움이 되고 있다.

지금은 으뜸사랑교회를 담임하며 한국교정선교회 운영이사, 서울구치소종교위원, 징벌위원, 경비교도대부활회(지금은 경비교도대가 해단되었다) 및 서울구치소선교회 지도목사로서 부족한 것이 너무 많지만, 하나님이 주신 사명으로 알고 기쁨으로 섬기고 있다.

이제 지난 30여 년 동안 교도소선교를 하면서 체험한 하나님의 역사와 은혜를 나누려고 한다.

2

지존파 사형수의 예수님 영접
"강창섭이 하나님의 자녀가 되었다"

사람이 사는 세상에는 하루에도 수많은 크고 작은 사건 사고 범죄들이 끊이지 않고 줄을 잇고 있다. 세상을 떠들썩하게 하고 인간이기를 포기한 파렴치한 잔인한 사건들을 대할 때면 많은 사람들은 "저런 것들은 재판도 하지 말고 당장 죽여 버려야 해"라고 목소리를 높이지만, 자신과 직접 관계가 없는 사건이면 몇 개월만 지나게 되면 언제 그랬느냐는 듯이 그 사건들을 잊어버리기 마련이다.

그러나 아무리 사형 선고를 받은 최고수라 해도 그들은 사형이 집행되거나 병으로 세상을 떠나기 전까지는 세상 어딘가에서 누군가의 보호 아래 도움을 받으며 살아간다. "죄는 밉지만 사람을 미워해서는 안 된다"는 말처럼 누군가는 그들을 돌보고 보호해야 한다. 그 누군가가 바로 교도관들이요, 교정직 공무원 및 교정위원들이다.

그동안 교정선교를 하면서 경험한 많은 사례들이 있지만, 그중에 1994년 가을, 세상을 떠들썩하게 했던 지존파 강창섭이 예수님을 믿고 변화되어 길지 않은 날들을 옥중 전도자로 살다간 사례를 소개하고자 한다.

서울구치소 교무과(사회복귀과)로부터 자매결연 통보를 받고, 지존파 사형수를 만나기 위해 구치소로 향하는 첫 발걸음은 내가 교도관 생활을 했지만 호기심 반 두려움 반이었다. 물론 그때 당시 빅뉴스거리가 되어 TV에서 볼 때마다 저들을 빨리 만나게 해달라고 기도는 했지만, 막상 기도대로 만나게 되니 두려움이 앞섰다. 그 두려움은 그가 지존파 사형수이기 때문이 아니다. 그 이전에도 여러 사형수들을 만나서 양육을 했었기에 사형수에 대한 두려움은 없다. 그 두려움은 사실 그가 첫 대면에서 보일 반응이었다.

기독교상담실에 들어서자 그가 먼저 나와 앉아 있었다. 첫 대면, 그는 의외로 크지 않은 키에 불그레한 볼에는 화상 자국이 있었으며, 초등학생의 얼굴을 보는 듯한 동안이었다. 저런 사람이 어떻게 그렇게 끔찍한 일들을 했을까? 의아할 정도였다. 허리와 손이 함께 묶인 혁시갑(허리에 손이 함께 묶여있는 수갑)을 한 상태였고 때문에 두 손을 모으고 앉아있는 모습을 보며 혐오감보다는 오히려 동정심이 갔다. 그가 안타깝게 보였다. 그래서 입회교도관에게 저걸 좀 풀어주면 안되느냐고 했더니 그가 이렇게 말했다.

"그건 좀 아직 곤란한데요."

그러자 그 말을 듣고 있던 지존파 형제는 "괜찮습니다"라고 했다.

그는 전북 부안이 고향이며 아버지와 함께 고향을 떠나 충남 논산에 있는 고모 집에서 성장했다. 중학교를 졸업하고 고등학교에 진학했으나 누나는 가출하고, 공사판을 전전하며 일하시던 아버지가 고향으로 돌아가자 강창섭은 혼자 남아 있다가 결국 그도 가출을 하게 되었다고 한다.

첫 대면인데도 여느 최고수(사형수) 형제들에게 볼 수 없는 면면이 있어서 한편으로는 안도감이 들었다. 한참 서로를 바라보며 적막이 흐르고 무슨 말 인가를 내가 먼저 해야 할 것 같아서 시갑된 손을 잡으며 먼저 말을 건넸다.

"저는 김영석 목사입니다. 그동안 많이 어려우셨지요? 이곳 생활이 힘들 텐데요!"

눈이 빨개지더니 눈물이 고이고, 고개를 숙인 채 형제는 말이 없더니 흐느끼기 시작했다. 나는 어떻게 해야 할지 몰라 당황스러웠다. 그의 등에 손을 가볍게 얹은 채 아무 말도 없이 기다렸다. 한 5분 정도가 지났을 때, 흐느끼던 형제가 갑자기 벌떡 일어나더니 그냥 방으로 가겠다고 직원(교도관)에게 말했다. 직원은 나를 살피더니 말했다.

"목사님, 오늘은 집회가 어려울 것 같은데 연락을 드릴 테니 다음에 오시면 어떻겠습니까?"

그렇게 하자고, 내가 고개를 끄덕였다. 나를 사무실에 기다리게 하고 직원은 먼저 나간 그를 따라 나섰다. 나도 문밖으로 나가서 긴 복도를 힘없이 걸어가는 그의 뒷모습을 보며 한 번쯤 뒤를 돌아봐 주면 손이라도 한번 흔들어 줄까 했는데 그는 한 번도 뒤를 돌아보지 않고 고개를 숙인 채 점점 멀어져 갔다. 첫 만남이지만 분위기가 좋으면 함께 나누려고 준비해 갔던 약간의 간식을 한쪽에 놓고 나온 것이 그 형제와의 첫 만남이다.

그래도 이 형제는 다른 최고수(사형수) 형제들과의 첫 만남에 비하면 양호한 편이다. 일주일 후 같은 시간 두 번째 만남의 날이 다가왔다. 기다림 반 두려움 반으로 기독교상담실에 내가 들어서자 그는 앉아 있다가 급히 일어서서 허리를 굽히며 작은 목소리로 "안녕하세요"라고 했다. 속으로 안도의 숨을 쉬며 그의 시갑되어 있는 손을 잡고 자리에 앉으라고 권했다. 그의 손등을 어루만지며 물었다.

"한 주간 동안 어떻게 지냈어요?"

"주는 밥 먹고 이런저런 생각하며 지냈어요."

대화를 내가 이끌지 않으면 침묵이 흐르고 금방 분위기가 어색해지기 때문에 혹시라도 상처가 될 만한 말들을 피해가며 계속 무슨 말인가를 해야 했다. 그래도 감사한 것은 무슨 말이든 물으면 곧잘 대답을 해 주는 것이 고마웠다.

"같은 거실의 동료 재소자들과 관계는 어떻고 특별히 불편한 것은 없습니까?"

이렇게 물었더니 그는 대답했다.

"방 안 사람들과는 별말 없이 지내고 있습니다. 불편한 것은 없습니다. 방 안 사람들이 많이 도와줍니다."

지난번 일로 말이 많이 조심스러워 망설임 끝에 하나님이 계신 것을 믿느냐고 했더니 그는 잘은 모르겠지만 믿으려고 한다고 했다. 그러면 앞으로 나하고 성경공부를 좀 해보는 것이 어떠냐고 했더니 그의 대답은 이러했다.

"아무것도 몰라서요."

나는 부담 갖지 말고 내가 하라는 대로 하면 되고, 나랑 같이 공부하면 된다고 했다. 그때 내 마음속에서는 '예수님을 영접시키라'는 마음이 강하게 왔다. 나는 급하게 가방을 뒤지며 말했다.

"잠깐만요! 오늘 꼭 해야 할 일이 있어요! 강창섭 형제! 혹시 오늘 밤 세상을 떠난다면 천국에 갈 수 있습니까?"

강창섭은 얼굴이 창백하여 깜짝 놀란 듯 나를 쳐다보며 그는 자신이 없다는 듯이 고개를 저었다. 순간 나는 당황스럽고 '아차!' 싶었다. 그는 빨리 죽을 거라는 말로 들은 것 같았다. 그래서 변명을 시작했다.

"그런 뜻이 아니고 사람은 누구나 죽는 날을 모르잖아요! 그래서 하루라도 빨리 예수님을 영접하면 좋을 것 같아서요. 그래서 오늘 예수님 영접하고 다음 주부터 성경공부를 하면 어떨까요?"

사실은 시한부 인생을 사는 사형수에게 내 생각만 하고 너무 성급하게 무례한 발언을 한 것이다. 아무튼 나는 기회다 싶어서 언제나 준비되어있는 『예수영접 칼라 전도만화』(은좌교회 제작)를 꺼내 놓고 말했다.

"지금부터 죽으면 천국 갈 수 있는 방법을 알려 줄 테니 약 20분 동안은 일체 다른 생각하지 말고, 내 말을 잘 들으세요."

강창섭은 "네!"라고 대답했다. 나는 물을 만난 고기처럼 입을 열어 복음을 제시했다

1. 모든 사람은 바쁜 인생을 살아갑니다.

모든 사람들은 명예와 권력과 건강과 쾌락 또는 성공 등을 위해서 바쁘게 살아가지만 사실은 태어난 모든 사람은 죽음을 향해서 화살처럼 날아가고 있는 것입니다. 우리 인생은 남녀노소 빈부와 귀천이 없이 누구에게나 죽음이 언젠가 찾아옵니다.

사람은 죽으면 죽음으로 끝나는 것이 아니라 죽음 이후에는 반드시 하나님의 심판대 앞에 서야 하고, 거기서 선악 간에 행한 대로 천국과 지옥으로 갈라서게 됩니다. 오늘 밤 내가 인생의 종착역에 다다른다면 천국에 갈 수 있는 공로가 있을까요?(그는 고개를 끄덕이며 제법 진지하게 듣고 있었다.) 그렇지 않다면 우리는 누군가가 나를 도와줄 분이 계셔야 하지 않을까요? 그러기 위해서 우리는 먼저 해야 할 일이 있습니다.

2. 하나님을 찾아야 합니다.

하나님은 전능하신 분이십니다. 우주 만물을 말씀으로 창조하신 분이십니다. 하늘의 천체뿐만 아니라 지구 상의 모든 동식물과 하나님의 형상대로 아담과 하와까지 손수 만드셨습니다. 그리고 에덴동산을 두시고 그곳에 아담과 하와를 살게 하셔서 아담으로 하여금 모든 동물들의 이름을 짓게 하셨습니다. 그리고 그것들을 다스리게 하셨습니다. 그리고 하나님은 에덴동산 중앙에 있는 선악과라는 열매를 먹지 말라고 하셨습니다. 먹는 날에는 죽으리라고 하셨습니다.

그러나 하와는 사탄에 유혹에 넘어가 먹음직도 하고 보암직도 하고 탐스럽기도 한 열매를 따서 먹고 남편 아담에게도 주므로 그들은 하나님의 말씀에 불순종하여 죄를 범하였습니다. 그들은 벗은 몸이 부끄러워지고, 마음에는 완악함, 간사함, 미움, 시기, 질투, 다툼, 음란, 고집, 욕심, 이기주의, 게으름, 거짓, 비방, 혈기 등이 가득 차서 범죄하게 되었으며, 원죄의 조상이 되었습니다. 그러므로 우리 모두는 죄인이 되었습니다. 비록 내가 지은 자범죄가 없는 갓난 아이라도 원죄를 갖고 있는 죄인이 되었습니다. 그래서 세상의 모든 사람은 의인이 없고 하나도 없습니다.

3. 죄 문제를 해결해야 합니다.

에덴동산에서 범죄함으로 쫓겨난 아담의 후손들은 죄 문제를 해결할 때 낙원을 회복할 수 있게 되었습니다. 죄 문제를 해결하지 않고는 누구도 하나님 나라에 들어갈 수 없습니다. 하나님은 거룩하신 분이십니다. 죄를 가진 자는 거룩하신 하나님께 나아 갈 수 없습니다. 사람의 죄는 하나님과 우리 사이를 멀어지게 만들었습니다.

인간들은 끊임없이 하나님께 나아가려고 노력해 왔습니다. 어떤 종교나 선한 행실과 고행 철학으로도 하나님께 나아 갈 수 없습니다. 인간이 하나님께 나아 갈 수 있는 길은 하나님이 보내주신 그 아들 예수 그리스도를 믿고, 주께서 흘리신 보혈로 죄 씻음을 받아야 나아 갈 수 있습니다.

4. 예수 그리스도를 믿어야 합니다.

　예수님은 우리를 구원하시기 위하여, 참 하나님이시지만 사람의 몸을 입으시고 이 땅에 오셨습니다. 마침내 인간의 모든 죄, 나의 죄를 지시고 십자가에 못 박혀서 물과 피를 다 흘리시고 죽으셨습니다. 그러나 무덤에 장사한 지 3일 만에 다시 살아나시고, 많은 제자들이 보는 가운데 승천하셨습니다. 하늘로 올라가시면서 "내가 다시 오겠다"고 재림의 약속을 하셨습니다.

　만약에 이 사실을 형제가 믿는다면 지금까지 지은 모든 죄를 용서받게 되는 것입니다. 예수님의 죽으심이 나의 죄 때문이고, 십자가 상의 예수님의 죽음을 통해 나의 죄가 용서받았다는 사실을 믿고 받아들일 때 내게 성령이 임하고 새로운 삶이 시작되는 것입니다.

5. 그렇다면 예수님을 마음에 영접해야 합니다.

예수님의 십자가 사건이 곧 나의 죄를 용서할 수 있다는 사실을 믿고 예수님을 나의 구주, 나의 하나님으로 고백하면 영원한 생명의 길이 열립니다.

"사람이 마음으로 믿어 의에 이르고 입으로 시인하여 구원을 얻는다"(롬 10:10)고 성경은 증거합니다. 만약 형제가 하나님의 자녀가 되어 모든 죄를 사함 받고 평안을 누리시길 원하신다면 나를 따라서 기도해 보시기 바랍니다.

〈영접기도〉

하나님! 저는 죄인입니다. 죄로 말미암아 심판을 받고 지옥에 갈 수밖에 없는 저에게 복된 소식을 듣게 해 주시니 감사합니다. 이 시간 제 마음의 문을 열고 예수 그리스도를 나의 구주로 영접합니다. 제 마음속에 오셔서 지금 이 시간부터 영원토록 저와 함께하여 주옵소서! 지금까지 살아오면서 지은 모든 죄들을 주께서 흘리신 보혈로 깨끗하게 씻어주옵소서! 앞으로 어떤 환난과 어려움 속에서도 예수님을 나의 구주로 고백하는 주님의 자녀가 되게 하옵소서!

예수님의 이름으로 기도드립니다. 아멘.

6. 이제 하나님의 자녀가 되었습니다.

"영접하는 자 곧 이름을 믿는 자들에게는 하나님의 자녀가 되는 권세를 주신다"(요 1:12)고 성경은 말씀합니다. 하나님은 형제의 모든 죄를 사하시고 고귀한 믿음을 선물로 주신 것입니다. 곧 형제님의 마음에 믿음의 씨앗이 심긴 것입니다. 이 믿음의 씨앗은 형제님의 마음 가운데서 큰 믿음의 나무로 성장해야 할 것입니다. 그렇게 되려면 이제부터는 예배하고 말씀 듣고 기도하고 찬양하고 봉사하며 풍성한 인생을 살아가길 원합니다. 그리고 하나님이 형제와 항상 동행하시므로 주 안에서 항상 기쁘고 즐거운 삶이 되길 소원합니다.

그때 당시 그의 나이는 21세였다. 비록 그는 너무나 어린 나이에 사형수가 되었지만, 교도소 안에서 예수 그리스도를 영접하여 하나님의 자녀가 되었다.

3

지존파 강창섭의 생일
"케이크에 얽힌 사연"

강창섭 형제는 신상명세서(신분장)에 적힌 생일과 실제 생일이 달랐다. 어느 날 생일을 물어 본 적이 있는데 정확한 날짜는 아니지만 자기는 8월 15일 광복절을 생일로 지낸다고 하여 그날은 공휴일로 할 수 없으니 그 전날 집회 때에 조촐하지만 생일파티를 하자고 했다.

사실 교정시설에 생일 케익 반입을 금하고 있지만 관의 배려로 사형수 형제들의 생일에는 허락하여 주고 있다. 미리 맞춘 케익과 준비한 약간의 간식을 갖고 들어가서 먼저 예배와 성경공부를 마치고 케익을 책상 위에 올려놓고 불을 붙였다. 네 사람이 손뼉을 치며 축가를 불렀다. 그런데 그의 눈에는 눈물이 흐르고 있었다. 케익 절단을 한 후 내가 작년 생일에는 어디서 어떻게 보냈느냐고 물었다.

"작년 생일은 친구들과 엄청나게 술을 마시며 죄를 지었지요!"

그는 울먹이며 "목사님! 저는 내년 생일에는 없겠지요?"라고 하며 자신의 죄를 의식이라도 한 듯 탁자 위에 머리를 대고 소리를 내어 울었다. 참 난감했다. 말릴 수도 없고, 한참 동안 울도록 말리지 않고 내버려 두었다. 10여 분이 지났다. 제한된 시간이 가까워져 온다.

나는 어쩔 수 없이 그의 등을 만지면서 기도하자고 했다. 그가 울음을 자제하는 듯했다. 내가 기도를 시작하자 그는 더욱 심하게 소리 내어 울었다. 기도가 끝나고, 케익을 접시에 담아 줬지만 먹지 못하고 그는 울먹였다.

하는 수없이 제한된 시간이 되어 가져간 케익을 싸서 자기 방으로 가지고 들어가게 하고 우리는 나와야 했다. 형제는 자리에서 일어서며 "죄송합니다"라며 뭔가 할 말이 많은 것 같았다. 우리도 안타까운 맘으로 다음 시간을 기약하며 나와야 했다. 나는 일주일 동안 그다음 집회 시간을 많이 기다렸다. 다음 주 같은 시간에 우리는 다시 한자리에 앉아 예배를 드렸다. 예배가 끝난 뒤, 함께 동역하는 집사님께서 제안을 하셨다.

"목사님 오늘은 성경공부를 한 주만 쉬고 우리 형제와 얘기를 좀 하면 안 될까요?"

집사님은 조심히 물으셨다. 나도 기다렸다는 듯이 "좋습니다. 그렇게 하지요"라고 하자 그 형제도 기다렸다는 듯이 표정이 밝아지며 "지난주에는 정말 죄송했습니다. 제가 주책이었지요?"라고 하며 말을 이었다.

"제가 지난주에 그렇게 눈물이 난 것은 어렸을 적 생각이 나서요! 그때 저희는 가정형편이 어려워서 케익이 그렇게 먹고 싶었지만 사먹을 수가 없었습니다. 그래서 어느 날 친구와 학교 갔다 오다가 제과점을 보고 케익을 훔쳐 먹자는 약속을 하고, 그날 밤 새벽 한 시쯤 친구는 망을 보고, 저는 작은 유리 창문을 깨고 들어가서 낮에 팔고 남은 케익 두 개를 옆에 보이는 비닐봉지에 담아 가지고 집에 와서 열어보았습니다. 그런데 케익이 웬 담배꽁초와 뒤범벅이 되어 예쁜 모습은 없고 축구공처럼 뭉쳐 있었던 것이 아니겠습니까? 저희는 너무나 먹고 싶은 케익이라서 담배꽁초를 뜯어내고, 서로를 보고 웃으며 손으로 정신없이 먹었습니다. 삽시간에 케익 두 개가 사라졌습니다.

알고 보니 케익을 담아온 봉지는 제과점 주인이 담배꽁초를 모아놓은 봉지였습니다. 그래도 그때 담배꽁초와 뒤범벅이 된 케익, 훔쳐 먹은 그 케익이 얼마나 맛있었는지요! 그 다음 날 설사가 나서 학교에서 조퇴를 해야 했습니다(나도 집사님도 한참을 같이 웃었다). 그다음부터는 그 제과점 앞을 지날 때마다 유리창 깬 것이 늘 미안해서 학교를 다른 길로 다니곤 했습니다. 지난주에 제가 케익을 보는 순간 어릴 적 생각이 많이 나서 울었습니다. 그리고 한 주간 동안 기도 할 때마다 그 회개를 했습니다."

지금도 나는 케이크만 보면 강창섭 형제의 생일 파티 생각이 난다. 그 형제는 이미 오래전에 사형 집행으로 세상을 떠나 천국에 있겠지만 그 목소리가 아직도 쟁쟁하게 들리는 듯하다. 케이크에 관한 그의 말이 끝나고 준비해간 약간의 간식을 놓고 내가 기도를 했다. 기도가 끝나자 그는 작은 목소리로 "아멘"이라고 했다.

곶감 하나를 집어 주었지만 혁시갑이 되어 있어서 허리를 굽혀도 손을 입으로 가져가기가 어려웠다. 그래서 나는 교도관에게 부탁을 했다.

"먹을 때만이라도 이걸 좀 풀어 줄 수 있겠나?"

그 교도관은 이전에 교도관으로 근무할 때 안면이 있는 직원이었다. 교도관은 "선배님 부탁인데 들어드려야지요"라고 말하며 키를 넣어서 강창섭의 수갑 찬 손을 빼 주었다. 그는 수갑을 차고 있는 것이 얼마나 힘이 들었는지, 양손을 위로 올려서 기지개를 펴고 해 맑은 웃음을 지어 보였다. 나는 속으로 생각했다.

"어떻게 저런 사람이 그렇게 엄청난 일을 저질렀을까?"

스물한 살이라 하지만 동안의 얼굴에 어린 티를 벗지 못한 어린이 같았다. 간식도 맛있게 잘 먹는다. 무엇을 좋아하냐고 물었더니 저는 뭐든지 잘 먹는다고 했다. 분위기가 참 좋았다. 먹으며 얘기를 하는 동안 두 시간이 훌쩍 지나고, 교도관이 말했다.

"목사님! 마무리 하시지요."

그래서 나는 형제에게 말했다.

"형제님! 다음 주부터는 성경공부를 위해 방 안에서 시간이 있을 때 신약성경 요한복음을 읽어오면 좋겠어요."

"목사님! 말씀 낮추세요. 아들 같은데요."

나는 "아들 같은데요"라는 말이 듣기도 좋았고 편했다. 그만큼 그와 가까워졌고 친근해졌다는 것이기에 기분이 좋았다. 비록 끔찍한 살인죄를 지은 지존파라는 사형수 신분이지만 그가 싫지 않았다. 그래서 나는 이렇게 대답했다.

"다음 주부터는 말을 편하게 할게요."

이렇게 두 번째 만남이 끝났다.

일주일 후 같은 시간 오늘부터는 성경공부를 하자고 약속한 날이다. 나는 마음이 들떠 있었다. 지존파 사형수 형제에게 복음을 전할 수 있는 기회가 내게 주어졌다는 것이 나를 들뜨게 했다. 서울구치소 기독교상담실(1994년 12월 오전 10시) 문을 열자 형제가 먼저 나와 있었다. 신장에 비해 많이 커 보이는 두툼한 한복을 입고 나왔다. 속에는 검정색 라운드 티셔츠 위에 흰색 상의, 회색 바지, 흰 고무신 왼쪽 가슴에 명찰이 선명했다. 내가 물었다.

"한복이 제법 잘 어울리는구나. 그동안 잘 지냈어?"

"네. 이거 여기 나올 때만 입는 제 외출복이에요."

"그래 성경은 좀 보았는가?"

"네 보긴 봤는데 무슨 말인지 잘 모르겠어요."

내가 기도를 하고 통일찬송 405장 "나 같은 죄인 살리신"을 함께 부르고 요한복음 3:16 말씀 "하나님이 세상을 이처럼 사랑하사 독생자를 주셨으니 이는 그를 믿는 자마다 멸망하지 않고 영생을 얻게 하려 하심이라"(요 3:16)를 강창섭에게 찾아 읽게 했다.

형제는 카랑카랑한 목소리로 또박또박 읽어 주었다. 다른 사건의 최고수 형제들을 양육할 때도 그랬지만, 지존파 사형수에게도 내 나름대로 일대일 양육 교재를 36시간 분량으로 만들어 가르치기로 했다. 교재의 내용은 다음과 같다.

◆ 하나님에 대하여(참 좋으신 하나님/ 나를 구원하신 예수님/ 우리를 도우시는 성령님/ 삼위일체 하나님)
◆ 인간과 죄에 대하여(인간의 기원/ 인간의 타락/ 죄의 보편성)
◆ 구원에 대하여(구원의 의미/ 구원의 조건/ 구원의 확신/ 구원의 결과)
◆ 성경에 대하여
◆ 예배에 대하여
◆ 구제와 봉사에 대하여
◆ 기도에 대하여
◆ 교회생활에 대하여
◆ 헌금에 대하여
◆ 기독교인의 윤리

공부 방법은 다음 시간 공부할 단원과 관련된 성경 본문을 한 주간 동안 형제에게는 읽어오는 숙제를 내 주었다. 성경공부 시작과 끝 기도는 인도자가 하고 찬송은 언제나 "나 같은 죄인 살리신"을 부르며, 복음송은 "이제 내가 살아도 주 위해 살고"를 부르고, 특송하며 기도하고, 주기도문으로 마치면, 간식을 놓고 감사기도는 언제나 사형수 강창섭 형제가 했다. 감사기도를 할 때마다 진심이 담긴 순수하고 신실한 그의 기도에 나는 늘 감동이 되었다.

어느 날인가는 그가 성경을 읽다가 모르는 낱말들이 너무 많아서 진도가 안 나간다며 목사님께 항상 여쭤 볼 수 없으니, 감방에서 언제나 찾아볼 수 있도록 『성경낱말사전』이 있다고 들었는데 사다줄 수 있겠느냐 해서 쾌히 사다 넣어 주겠다고 했다.

어떤 날인가는 얼굴이 통통 부어서 나온 적도 있었다.

"얼굴이 부었구나."

"네, 앉아서 성경을 보면 다른 사람들에게 수면 방해가 될까 봐서 엎드려서 성경을 보았더니 얼굴이 부은 모양입니다."

그는 성경을 알고 배우려는 열정이 대단했다.

강창섭 형제 양육을 시작한 지 2개월 정도 지났을 때, 서울 온누리교회를 섬기시던 문정희 집사란 분이 우리 교회로 나오시게 되었다. 우리 교회를 나오시게 된 동기는 남편 집사님의 직장이 과천종합청사이기에 우리 교회 옆으로 이사를 하시고 교회를 찾으시던 중 개척한 지 3개월 된 우리 으뜸사랑교회를 오시게 된 것이다. 첫 만남에서 우리 교회를 소개 했더니 집사님은 하나님이 자기를 보내신 것 같다고 하셨다.

텔레비전에서 지존파들의 관한 뉴스를 볼 때마다 "하나님 저들을 좀 만나게 해 주세요"라고 기도했는데 하나님이 기도를 들어 주셔서 교정선교하는 교회로 자기를 보내주신 것 같다고 하셨다. 이 일은 참으로 내게도 기도응답이었다. 구치소에 선교를 갈 때마다 함께 선교할 수 있는 갇힌 자의 영혼을 사랑하는 열심 있는 동역자를 보내 달라고 기도하고 있었기 때문이다. 내게는 날개가 하나 생긴 셈이다. 하나님께 감사해서 눈물이 핑 돌았다. 집사님과 함께 감사기도를 드렸다.

구치소 선교를 가는 날 집사님께 전화를 드렸더니 막상 가려고 하니 가슴이 두근거리고 무섭다고 하셨다. 그럴 만도 하다. 그들이 어떤 자들이었는가? 그들은 현장 검증 당시 도모씨 부부를 납치하여 8천만 원을 빼앗고 남자를 공기총으로 살해했고, 살려달라고 애원하며 부들부들 떠는 부인을 식칼과 도끼로 살해하여, 사체를 토막 내고 소각장으로 옮겨 태우는 끔찍한 장면을 태연하게 재연한 자들이었다.

그리고 "압구정동 야타족과 돈 있는 자들과 잘난 놈들을 다 죽이지 못한 것이 억울하고, 우리는 이미 인간임을 포기했다"라고 하며, 또 "자신의 어머니를 죽이지 못한 것이 한이다. 우리가 죽인 사람은 모두 5명이고, 이 집은 사람을 잡아다 죽이기 위해서 지은 집이고, 인육을 먹은 것도 사실이다"라고 말하는 자들이었다.

문 집사님은 구치소를 처음 가는 것이고 더군다나 지존파라는 무시무시한 사람을 만나러 가는데 두렵지 않을 수 없을 것이다. 이들은 강도살인, 강도강간, 사체유기 등의 죄명으로 사형이 확정되었다. 동행한 집사님은 첫 만남에서 거의 고개를 들지 못하고 두려움으로 예배와 성경공부를 마쳤다. 지존파 형제들은 예배와 성경공부, 그들에게 관심을 갖고 있는 여러분들의 기도와 사랑편지를 통해서 날로 변화되어갔다. 지존파 형제들의 변화를 보면서 나는 인간은 누구나 복음의 능력으로 변화될 수 있고, 하나님이 고치지 못할 사람은 없다는 것을 확신했다.

감사하게도 1994년 4월 26일 서울구치소 합동세례식 때 지존파 형제 4명이 함께 세례를 받았다. 그때 나와 함께 특별 찬양을 하며 찍었던 사진을 보면 지금도 가슴이 뭉클하다. 네 사람 중 특별히 두 사람은 성경공부도 열심히 하고 하나님의 은혜를 체험하니 믿음의 성장이 놀랍도록 빨랐고, 구치소 안에서 다른 사람들을 전도하기 시작했다. 그 무시무시한 지존파 사형수가 변하여 옥중 전도자가 된 것이다. 악령이 떠나고 성령이 임한 그들의 모습은 상상할 수 없을 만큼 극과 극이었다. 그들이 변화되어가는 모습은 법정 최후 진술에서도 나타난다. 현장검증 당시 자신들의 범죄에 대해 그렇게 당당했던 그들이 엄청나게 달라졌다. 지존파 김구양(가명)의 법정 최후 진술 내용은 이러하다.

"먼저 돌아가신 다섯 분의 죽음에 대해 제 죽음으로 사죄합니다. 그리고 고맙습니다. 이렇게 인간대접을 해줘서요. 지금은 잘못을 뉘우칩니다. 인간도 아니었는데 지금은 인간으로 돌아왔어요. 산 상태에서 다섯 명을 죽였으니 다섯 명을 살리는 의미에서 장기를 기증하고 싶습니다…미안합니다…"

김구양은 제법 큰 키에 단단한 체격이며 신문 배달, 제과점 종업원, 중국집 종업원, 공사장 잡부, 술집 종업원, 운전기사를 했고 성격이 포악해서 싸움질도 잘했다고 한다. 가족들은 300만 원짜리 전세방에 살고 있었고 아버지는 일찍 돌아가시고 어머니는 소아마비를 앓아 수족이 불편했으며 어머니의 남자관계를 목격한 그는 어머니에 대한 감정이 안 좋아서 죽이고 싶을 만큼 커다란 미움이 있었다고 했다. 그랬던 그가 지존파 중에서 가장 먼저 예수님을 영접했고 급속하게 믿음이 성장하여 동료 지존파들을 전도하는 등 짧은 시간이지만 열정적인 신앙생활을 했다.

지존파 최고수 형제 세례식 후 찬양하는 모습

4

사형장에서 드리는 마지막 예배
"지존파 강창섭의 사형집행과 유언"

　1995년 11월 2일 오후 2시 30분 연출을 담당한 교도관들이 강창섭의 팔짱을 끼고 사형장으로 들어왔다. 그의 양손에는 이미 두 개의 수갑이 채워져 있었고 조금은 상기된 표정이었으나 곧 나와 신우회 직원들을 보면서 곧 얼굴이 환해 보였다. 그는 엷은 미소를 지으며 담담하게 심문대 밑 마룻바닥에 앉아 인정심문을 받았다. 형식적인 절차이지만 구치소 부소장이 인정심문을 마치고 법무부 장관의 사형집행명령을 알리자 강창섭은 "아멘"으로 대답을 했다. 죄명은 다른 지존파들과 같이 강도살인, 강간살인죄였다.
　강창섭은 예수님을 믿고 회개한 후 누구보다 믿음이 좋았고 전도를 많이 했다. 내가 성경공부를 하러 들어갈 때마다 알사탕을 큰 봉지로 하나씩 사갔는데 그는 그것을 가지고 전도하는 데 접촉점으로 활용한다고 했다. 인정심문을 마치고 마지막 할 말이 없느냐고 묻자 다음과 같은 유언을 남겼다.

"소장님, 목사님, 자매들께서 나의 눈(영안)이 열리게 도와주셔서 감사합니다. 나 같은 흉악범 교화에 애쓰신 것 감사드립니다. 예수 그리스도를 영접하고 먼저 하늘나라로 갑니다. 지금 나는 세상 사람들이 보고 생각하는 것같이 변함없이 나쁜 그런 사람은 아닙니다. 사형제도를 종신형으로 대체하여 재소자들에게 전도하며 살 수 있게 되기를 바랍니다. 나는 재소자들을 위해서 전도하며 살기를 원했는데 이날로 삶을 마무리합니다. 나는 신우회(기독교도관 모임)의 사랑으로 평안히 복음 전도를 할 수 있었습니다. 예수 그리스도를 영접하고 먼저 하늘나라로 갑니다. 모든 사람이 하나님 믿고 구원받기를 원하며 이 일을 위해서 기도하고 또 기도하겠습니다."

본인이 예배 드리기를 원했기에 사도신경으로 신앙을 고백하고 찬송가 405장 "나 같은 죄인 살리신"을 부르고 내가 기도를 드렸다. 그리고 강창섭이 성경 요한복음 14:1-3을 읽었다.

> 너희는 마음에 근심하지 말라 하나님을 믿으니 또 나를 믿으라 내 아버지 집에 거할 곳이 많도다. 그렇지 않으면 너희에게 일렀으리라 내가 너희를 위하여 처소를 예비하러 가노니 가서 너희를 위하여 처소를 예비하면 내가 다시 와서 너희를 내게로 영접하여 나 있는 곳에 너희도 있게 하리라 (요 14:1-3).

짤막한 설교 후 축도로 예배를 마치고 마지막으로 할 말을 하라고 했더니, 자기가 쓰던 성경책을 주면서 말했다.

"우리 가족에게 전해주셔서 예수님을 믿게 해주시고, 내가 안 쓰고 모아 둔 영치금이 00만 원이 있는데, 제 화장을 하는 데 비용으로 쓰고 남으면 나같이 갇힌 자들에게 성경책을 사서 넣어주세요."

나는 목이 메어 할 말을 잃고 수갑이 채워진 그의 손을 잡고 울었다. 나는 그동안 비록 그가 사형수이지만 인간적인 정이 들었기 때문이다. 그는 오히려 나를 위로했다

"비록 사형수로 인생을 마감하지만 나는 하나님 나라에 오늘 입성합니다. 목사님 울지 마세요. 내가 목사님과 으뜸사랑교회를 위해서 하늘나라에 먼저 가서 더 많이 기도할게요. 먼저 가겠습니다."

당당한 목소리로 마지막 말을 남겼다.

사형집행관의 "집행"이라는 명령과 함께 그의 머리에 흰 용수가 씌워지고 준비하고 있던 교도관들이 포승으로 그의 발을 묶고 그는 휘장 속으로 끌려 들어갔고 우리는 찬송가 439장 "만세 반석 열린 곳에"를 부르는 중 오후 2시 52분에 "덜커덩" 하는 소리와 함께 그는 사형이 집행되고 오후 3시 1분에 절명했다.

그의 유언대로 성경책과 성경낱말사전 등 몇 권의 책은 교회에 보관했고 남은 영치금은 두 전직 대통령께서 구속되어 있는 때라 그분들께 성경책을 사서 넣어주었다. 사형집행 다음날이면 사형수의 시신을 찾으러 오는 가족들은 많지 않고 생전의 본인의 의사대로 종교위원들이나 교정기관에서 시신을 거두고 있다. 입관 전 사형수 시신

을 인도하러 온 자들에게 구치소 측에서는 흰 용수를 벗기고 시신의 얼굴을 확인시키는 절차가 있다.

그동안 나는 교도관으로 근무를 하고 신우회 회장을 하면서 사형 집행이 있을 때마다 예배 참석을 하면서 사형수들의 많은 시신들을 보아왔다. 매번 느끼는 것은 예수님을 믿고 예배를 드린 후 집행이 되는 사람은 다른 종파와 달리 죽음에 대한 두려움도 없고 구차한 변명이나 원망을 하지 않고 자신이 저지른 죄에 대하여 변명하지 않는다. 그들은 자신의 죄를 인정하고 피해자들과 그 가족들에게 용서를 빌며 초연히 죽음을 맞는 것이 다른 종파 사형수들과 다른 점이다.

또 기독교 사형수들은 사형장에 들어오기 전부터 찬송을 부르며 들어온다. 그들은 죽음 앞에서도 매우 침착하게 모든 절차를 마무리하며 심지어 그 안에 있는 교도소 소장, 검사, 변호사, 교도관들에게 복음을 전하며 생을 마감한다. 그러나 다른 종교에 적을 두는 사람들이나 혹은 신앙이 없는 사람들은 제 발로 똑바로 걸어오는 경우가 드물다. 거의 교도관들에 의해 끌려오는 경우가 많다. 사형장 내에서 그의 집행을 지켜보던 자들은 말했다.

"종교의 힘이 참 크네요."

사형집행 다음 날 시신을 가족이나 장례를 치러줄 분들에게 사체의 얼굴을 확인시키기 위해 용수를 벗겨 보면 그 모습은 마지막 집행 전에 찬송하던 그 모습 그대로였다. 두려움이 전혀 없는 참 평안한 얼굴 그대로였다. 성경 속의 인물 스데반이 돌에 맞아 죽으면서도 그 얼굴이 천사의 얼굴과 같았다고 기록한 것을 실감케 했다.

그는 마지막 사형 집행 당시 이런 유언을 했다.

"피해자 가족에게 용서를 빕니다. 저는 큰 죄를 짓고 죄인의 몸으로 이곳에 왔지만, 예수님을 영접하고 오늘 천국에 가게 되었습니다…저는 세상의 모든 것은 잃었지만 예수님을 믿고 구원은 얻게 되어 기쁩니다. 여러분도 꼭 예수님 믿고 천국에서 우리 만납시다."

나는 이 사람의 변화된 모습을 마지막 사형장에서 임종예배를 드리면서, 마지막 순간까지 아주 침착하게 전도를 하고 405장 찬송을 부르며 믿음 안에서 죽음을 맞는 그의 최후의 모습을 지켜보면서 아무리 흉악한 범죄를 한 사람도 예수님 안에서는 변화될 가능성이 있다는 것을 확신했다. 주님은 못 고칠 사람이 없다.

오랫동안 교정선교를 하면서 느낀 것은 "악을 악으로 갚지 말고 선으로 악을 이기라"(롬 12:21)고 하신 말씀처럼 우리는 그 영혼을 사랑하는 마음과 구령의 열정을 갖고 나가면 하나님이 그를 변화시켜 주시고 다스려주시고 고쳐주신다는 것이다. 특히 잔인하고 흉악한 죄를 범한 사람일수록 사랑으로 다가가야 한다. 악으로는 결코 악을 이길 수 없다. 기도의 손은 불끈 쥔 주먹보다 강하고, 사랑은 폭력보다 강하다.

Love Is More Powerful Than Violence

옥중서신 1

　우리 주 예수 이름으로 문안드립니다. 목사님, 그동안 안녕하셨는지요. 소식이 늦어서 죄송합니다. 항상 저와 동생 ○섭이를 잘 보살펴 주시고 말씀으로 양육해 주셔서 감사합니다. "세월은 살같이 빠르게 지나 쾌락이 끝이 나고 사망의 그늘이 내 앞에 둘리며 가리우네" 하는 찬송과 같이 늘 주님을 사모하고 말씀을 묵상, 암송, 연구하며 매일 주님 곁으로 다가갑니다.

　목사님! 제가 사회에 있을 때는 인생의 의미, 즉 제가 어디서 와서 왜 살며 어디로 가는지를 알지 못해 방황하며 헛된 세상을 사랑하며 헛되게 살았습니다. 허나 하나님은 유라굴로 같은 폭풍을 맞게 하셔서 제 자신을 돌아볼 수 있는 기회를 주셨습니다. 할렐루야! 이제는 조금이나마 알 것 같습니다. 제가 어디서 와서 왜 살며 어디로 가는지. 예수님을 믿고 예수님과 관계가 맺어지면 우리 죄가 예수그리스도의 보혈로 다 씻음 받아 정하게 되고, 우리는 어디서 와서 어디로 가는지를 알기 때문에 죄와 잃어버린 상태를 완전하게 벗어나게 된다는 것을 알았습니다.

　"네 마음을 다하고 목숨을 다하고 뜻을 다하여 주 너의 하나님을 사랑하라. 네 이웃을 네 몸과 같이 사랑하라"(마 22:37) 하신 인생의 의미, 곧 신앙의 의미와 모든 율법과 예언자들의 가르침이 이 두 계명에서 나온 것임을 저는 잘 알고 있습니다.

　세상을 살아가면서 한 오백 년은 살 것 같은 착각 속에 대부분의 시간을 보냈던 것 같습니다. "너는 내일 일을 자랑하지 말라

Love Is More Powerful Than Violence

하루 동안에 무슨 일이 날는지 네가 알 수 없음이니라"라는 잠언 27:1 말씀처럼 한 치 앞도 내다보지 못하는 인생인데, 주님을 섬기며 사랑과 효도와 예절을 담고 이웃과 더불어 살아갈 수 있도록 인도해주신 하나님께 감사드립니다. 천국 가는 그날까지 지금 이 순간을 기쁘게 살아가고 싶습니다. 오늘을 최고로 말입니다.

어두운 세상의 빛이신 예수님을 따라 복음의 빛을 비추어 죽음을 향해 달려가는 사람들을 구원해야겠습니다. 하나님 안에서 영육 간에 안식을 누리면서, 사랑의 하나님이 그분의 자녀들과 끊임없이 깊은 사랑의 교제를 나누기 원하심을 알았기에 이 은혜와 복을 나누며 섬기는 도구가 되고자 매일 기도하겠습니다.

목사님과 세례 행사 때 405장 찬송을 함께할 수 있어서 너무 기쁘고 감사합니다. 제가 은혜를 너무 많이 받았습니다. 이제 예수님의 자녀로서 온행한 삶, 온행한 성품으로 모범이 되는 크리스천으로 살아가겠습니다. 항상 미천한 저를 신경 써줘서 감지덕지합니다. 하고 싶은 말은 많지만 다음을 기약하며 목사님 가정에 주님의 은혜와 평강이 넘치시길 간절히 기도 드립니다. 아멘.

김구양 올림

5

경비교도대 선교와 징벌위원회
"1902 경비교도대 부활회"

1902 경비교도대 부활회 예배 장면

경비교도대는 논산훈련소에서 일반 현역병과 동일하게 훈련을 받고 착출되어 법무부 소속 교정기관(구치소, 교도소)에 배치를 받아 교도관들의 경비업무를 맡아 돕는 자들이다(계급은 이교, 일교, 상교, 수교). 전역을 할 때는 일반 병장계급으로 전역을 하고 예비군으로 배속된다.

이들은 주일이면 종파별로 종교외출을 나오며 소속 종파별로 종교행사를 마치고 정한 시간에 귀대를 하게 되어있다. 기독교에 속한 경교대 군인들은 1994년부터 주일에 으뜸사랑교회에서 예배를 드리고 점심식사를 하게 되었다. 또 주 중에는 매주 목요일 부대 안에 있는 악기연습실에서 예배를 드리고 교회 교정선교팀이 준비한 간식을 나누게 되었다. 또 금요일은 원하는 자들이 도서관에 모여 성경공부를 하기도 했다.

경비교도대 사역 또한 보람 있는 사역 중 하나이다. 많은 젊은이들이 군 복무를 하다가 믿음을 잃는 경우도 많은데, 경비교도대 군인들은 매 주일 예배와 성경공부를 통해 그들의 신앙과 군 생활에 큰 힘을 얻었다. 또 그들은 믿음 안에서 열악한 근무 조건과 어려운 군 복무를 잘 감당하고 열정적인 믿음으로 전역하여 지금은 사회에서, 교회에서, 또 신앙생활은 물론 직장에서도 모범적인 삶을 살아가고 있다.

그동안 수많은 경비교도대원들이 거쳐 갔고, 지금은 목사, 선교사 등으로 국내 또는 해외에서도 귀하게 쓰임 받는 형제들도 수십 명이다. 사회 각처에서 성실한 삶으로 모범을 보이며 그리스도의 향기를 드러내며 살아가는 형제들이 많아 보람 있고 기쁘다.

1902 경비교도대 부활회 예배 장면

몇 년 전에는 부활회 회장을 지낸 남대윤이란 대원이 전역을 며칠 앞두고 교회 목양실로 예쁘게 포장한 박스 하나를 들고 들어왔다. 펼쳐보니 『갇힌 자에게 자유를』이란 작은 소책자였고 저자는 '김영석'이라고 쓰여 있어서 나는 깜짝 놀라 어떻게 된 거냐고 물었다.

그는 2년여 동안 군 생활을 하면서 함께 예배를 드릴 때마다 내 설교를 듣고 짤막짤막하게 요약을 해서 주머니에 넣고 다니며 어디서나 쉽게 볼 수 있도록 소책자로 만들어 전역을 할 때쯤 내게 선물을 한 것이다. 비용도 비용이지만 그의 마음과 정성이 담겨 있는 선물은 내 마음을 감동시키는 큰 선물이었다. 지금은 이 소책자를 많이 만들어 교회에서 전도용으로도 활용하고 담 안에 있는 수용자들에게도 나눠 주기도 해 좋은 반응을 얻고 있다.

경비교도대 출신 형제가 만들어준 전도지 『갇힌 자에게 자유를』

징벌위원회

징벌위원회란 교정시설(구치소, 교도소) 내에서 관규를 위반한 수용자에게 행정벌을 내리는 일종의 행정절차이며 매주 일 회 정도 열리고 있다. 과거에는 교정직원(교도관)들만 참석해서 회의를 진행하고 행정벌을 주곤 했는데, 수년 전부터는 수용자들의 인권을 보호하는 차원에서 외부 인사들이 참석을 해야만 징벌회의를 진행할 수 있도록 하고 참석자는 징벌위원장(부소장)과 과장 2인, 외부인사 3인을 참석시켜 회의를 진행하고 수용자 권익보호에 최선을 다하고 있다.

이 회의에 외부 인사를 처음 참석시킬 때부터 지금까지 징벌위원회에 참석을 해왔는데 징벌위원회에 회부되어 올라오는 혐의 내용을 보면 80~90%가 독거실을 달라는 사유로 입실을 거부하여 회부된 사건이 가장 많고 그 외로 싸움, 부정 서신, 부정 물품 제작 및 소지, 흡연, 신체변형 등 다양한 내용이 있다. 독거실을 요구하며 입실을 거부하는 경우 그 이유는 대인기피증, 피부병, 코골이, 성격차이 등 다양하다. 수용자들이 독거실을 요구하는 대로 다 줄 수 있으면 문제가 없겠지만 대부분의 교정시설들이 건축 시부터 독거실이 15:1 정도 밖에 안 되는 것이 현실이다.

징벌위원의 한 사람으로 어떤 때는 독거실이 턱없이 부족해서 주지 못해 안타까울 때도 있다. 그래서 언젠가 교정국장(교정본부장)과 장관님께 딱한 사정을 하소연한 적도 있다. 회답은 구 시설들로는 요구하는 대로 독거실을 줄 수 없지만 앞으로 건축할 시설들은 독거실과 혼거실 비율을 50:50으로 건축 설계를 한다고 하셨다.

징벌회의를 하다 보면 별것 아닌 일로 말싸움을 하고 심지어는 이가 빠지고 코뼈가 주저앉고 늑골이 골절되는 일도 있다. 제한된 공간속에서 반복되는 일과로 특별한 소일거리가 없어서인지 의견대립이 발단이 되어 추가사건으로 기소가 되어 형사소추를 받는 경우도 종종 있는 일이다. 어떤 케이스는 "저기 보이는 산이 관악산이다. 아니다. 청계산이다" 또는 "지하철 한 량의 출입문이 여섯 개다. 아니다.

여덟 개다"로 말싸움이 시작되어 폭력을 행사하고 상해를 입혀 추가로 징역을 받는 경우도 있다.

사람이 사는 곳에는 어디나 경쟁과 대립과 속임과 부정이 없을 수는 없겠지만, 수용자들은 특히 좁은 공간과 환경의 탓인지, 모두가 다 그러는 건 아니지만 편협해지고 단순하여 상대를 배려하고 이해하는 폭이 좁아짐을 느끼게 된다. 징벌회의를 할 때마다 느끼는 것은 서로가 조금만 참고 이해하면 될 일로 징벌을 받고 수용생활에 불이익을 당하는 모습이 너무나 안타깝다.

경비교도대 세례식

2부

사랑은 폭력보다 강하다

1. 용서는 축복의 통로
2. 사랑은 폭력보다 강하다
3. 구원에 이르는 진정한 회개
4. 지극히 작은 자 하나
5. 교정선교는 벼랑 끝 선교다

Love Is More Powerful Than Violence

1

용서는 축복의 통로

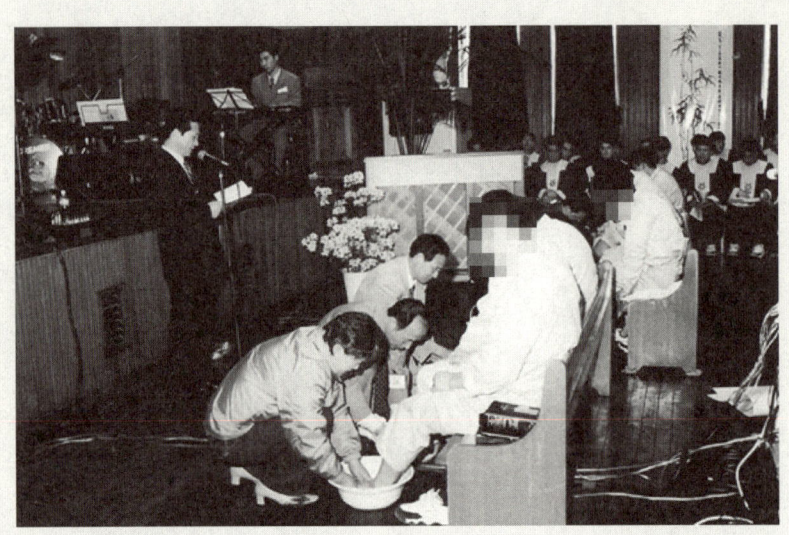

수용자 세족식

용서는 사랑의 다른 이름이다. 우리 삶 가운데 용서해야 할 일이 없으면 좋으련만, 안타깝게도 세상에 살다 보면 우리가 용서해야 할 순간이 많이 생긴다. 또 마찬가지로 용서를 받아야 할 순간도 많이 생긴다.

말로 인해 받은 상처부터 더 나아가서는 물질적인 피해, 육체적인 피해, 간음, 강도, 폭행, 살인 등 우리 사회에는 이러한 비극적인 일이 빈번하게 일어나는 것이 현실이다. 사건 사고가 터지면 남 얘기 같아도 언제 내 인생에 이런 일이 생길지 아무도 모른다. 요셉은 자기가 억울하게 간음죄로 누명 쓰고 13년 동안 감옥에서 지낼 것이라곤 상상도 못 했을 것이다. 어린 시절부터 여호와를 의지하며 사랑했던 다윗도 자신이 훗날 남의 아내를 훔치고 그 남편을 살해할지 감히 생각도 못 했을 것이다.

이런 일이 우리 삶 가운데 닥치면 우리는 어떻게 해야 할까? 과연 이 세상엔 용서하지 못할 사람이 있을까? 예수님은 제자들에게 주기도문을 가르치시면서 이런 말씀을 하셨다.

> 너희가 사람의 잘못을 용서하면 너희 하늘 아버지께서도 너희 잘못을 용서하시려니와 너희가 사람의 잘못을 용서하지 아니하면 너희 아버지께서도 너희 잘못을 용서하지 아니하시리라(마 6:14-15).

왜 예수님은 기도에 대한 가르침을 하신 후 용서에 대한 말씀을 하셨을까? 게다가 용서에 대한 예수님의 발언은 상당히 단호하게 들린다. 만일 사람의 잘못을 용서하지 아니하면 하나님도 내 죄를 용서하지 않으신다는 것이다. 우리는 하나님께 자신의 죄를 회개하며 살아간다. 그러나 정작 교회 안에서, 가정에서, 사회에서 자신을 괴롭히고 힘들게 하는 사람의 잘못은 쉽게 용서하지 못한다. 성경은 "그런즉 믿음, 소망, 사랑, 이 세 가지는 항상 있을 것인데 그 중에 제일은 사랑이라"(고전 13:13)라고 말한다.

참 그리스도인이란 어떤 사람들을 말하는 것일까? 예배 잘 참석하고 교회 잘 섬기는 사람들일까? 나는 감히 생각하기를 참 그리스도인이란 예수님의 사랑을 소유한 사람이라고 생각한다. 아무리 믿음이 뜨겁고 열정이 넘쳐도 사랑이 없고 남을 용서할 줄 모른다면 그 믿음이 무슨 소용이 있겠는가? 성경은 "빛 가운데 있다 하면서 그 형제를 미워하는 자는 지금까지 어둠에 있는 자요"(요일 2:9)라고 말한다.

사랑 중에서도 가장 힘들고 어려운 사랑은 바로 용서가 담긴 사랑이다. 성경은 "사랑은 허다한 죄를 덮느니라"(벧전 4:8)고 말한다. 우리는 스스로 내가 정말 남의 허물을 덮어주는 사랑을 소유한 그리스도인인가 생각해보아야 한다. 사랑이 없는 그리스도인이란 말만 그리스도인일 뿐 아무 능력도 가지지 못한 자들이다. 능력 있는 그리스도인이란 치유은사를 가진 사람을 가리키는 것이 아니다. 방언 잘하는 사람도 아니다. 정말 능력 있는 그리스도인은 용서할 수 없는 사람도 용서하는 사람이다. 사랑할 수 없는 사람도 사랑하는 사람이다.

우리가 어떻게 그럴 수 있겠는가? 우리는 우리의 죄 때문에 피 흘려 돌아가신 예수 그리스도의 십자가 사랑을 체험했기 때문에 그런 사랑을 베풀 수 있다. 다시 말해 용서는 십자가 사랑의 능력에서 나오는 것이다. 십자가 사랑을 체험한 사람은 반드시 그 사랑을 실천할 수 있는 능력을 소유하게 된다.

하나님은 사람을 죽이고 시체를 아무렇지도 않게 먹은 지존파와 같은 사람들도 사랑하셔서 그들이 하나님 품으로 돌아오는 것을 받아주셨다. 이 세상에 하나님이 용서하지 못할 죄인이 없듯이 이 세상에 우리가 용서하지 못할 사람은 한 사람도 없다. 교회가 사랑이 없다면 어떻게 될까? 성경에는 창세기부터 요한계시록까지 모든 인류를 향한 하나님의 용서와 사랑의 메시지가 담겨 있다.

예수님을 믿는 우리는 서로 사랑하며 허다한 죄를 덮어주는 사람이 되어야 한다. 그래야 세상과 교회가 구별이 되고 세상이 교회를 통해 하나님 나라를 바라볼 수 있다. 가정 안에, 교회 안에, 직장 가운데 용서하지 못할 사람이 있는가? 지금이라도 용서하자. 만일 내가 그 사람을 용서하지 못한다면 예수님의 말씀처럼 하나님도 우리의 죄를 용서하지 않으실 것이다. 하나님의 은혜를 체험한 사람은 다른 사람의 허물도 용서할 수밖에 없게 된다. 용서는 우리에게 새로운 축복을 가져다준다.

코리텐 붐이라는 여사의 이야기를 잠깐 하고자 한다. 코리텐 붐 여사는 화란 사람이었다. 제2차 세계대전 중 유대인을 숨겨 주었다는 이유로 온 가족이 나치 수용소에 갇혔고, 혹독한 고문 끝에 그녀의 가족들은 다 죽임을 당하고, 그녀만 구사일생으로 살아남게 되었다.

전쟁이 끝난 후 그녀는 전도자가 되어 온 세계에 다니며 용서의 복음을 전했다. 그녀가 용서의 메시지를 전하는 곳마다 놀라운 변화가 일어났으며 수많은 사람들이 큰 감동을 받았다. 어느 날 독일에서 그녀를 청빙하여 특별 집회를 가졌고 수많은 사람들이 몰려왔다.

그날 저녁 집회를 마치고 사람들과 악수를 나누고 있을 때 자기 손을 잡은 노신사를 바라보는 순간 그녀의 피가 거꾸로 흐르는 것 같았다. 바로 자기 가족을 고문하여 죽게 하고, 자신의 꽃다운 처녀 시절 옷을 벗기고 때리고 고문하고 온갖 고통과 수모를 주던 바로 그 사람이 아직 살아서 자신과 악수하고 있는 것이 아닌가? 그 순간 그녀는 속으로 부르짖었다.

"하나님, 온 세상 사람들을 다 용서해도 이 사람만은 용서할 수 없습니다."

그때 주님의 음성이 들려왔다.

"나는 그 사람까지도 구하기 위하여 십자가를 졌노라."

그렇다. 예수 그리스도는 수많은 사람들을 죽이고 고문한 그 사람을 위해서도 십자가 위에서 죽으신 것이다. 따라서 우리는 이 세상에 용서하지 못할 사람이 있다고 말해서는 안 되는 것이다. 용서를 하면 무슨 축복이 오겠느냐고 말하는 사람이 있을 수 있겠다. 그렇다. 용서한다고 해서 세상적으로 이익을 보는 것도 아니고 물질이나 명예를 얻는 것도 아니다. 그러나 용서는 우리에게 진정한 자유를 가져다 줄 것이다.

눈에 보이는 교도소 안에 있는 사람만이 감옥에 갇힌 사람이 아니다. 용서할 줄 모르고 늘 증오와 분노, 복수심을 가지고 사는 사람들도 보이지 않는 감옥에 갇혀 사는 것이다. 혹시 우리도 보이지 않는 감옥에 갇혀 살고 있지는 않은가? 만약 내가 증오와 복수의 감옥에 갇혀있다면 이제 그곳에서 나와 참 자유를 누리자.

용서는 우리의 힘으로 할 수 없다. 우리 안에 성령께서 용서하는 마음을 부어주셔야만 가능하다. 우리가 주님을 간절히 찾을 때, 성령께서 우리 가운데 하나님의 마음을 부어주실 것이다. 긍휼히 여기는 마음을 주실 것이다.

2

사랑은 폭력보다 강하다

　용서에 이어서 이번엔 사랑에 대해서 말하고자 한다. 사랑은 모든 것을 참고, 모든 것을 견디는 것이다(고전 13:7). 나를 사랑하고 나를 존중해 주는 사람은 누구든지 사랑할 수 있다. 그러나 나를 미워하고 나를 힘들게 하는 사람까지 사랑하기는 좀처럼 쉽지 않을 것이다.
　예수님이 대제사장들의 경비대장들에게 잡히시던 날 베드로는 칼을 들어 대제사장의 종 말고의 귀를 자르고 만다. 이때 예수님이 베드로에게 이렇게 말씀하신다.

　　이것까지 참으라(눅 22:51).

　그때 예수님은 말고에게 다가가 베드로가 잘라놓은 귀를 손으로 만지시며 낫게 하셨다(눅 22:51).

그리스도인이란 예수 그리스도와 함께 세상에 대하여 십자가에 못박힌 사람들이다. 또 예수님이 행하셨던 것처럼 행하는 사람이 참 그리스도인이다. 예배당에 나가서 기도하고 예배 드리는 것은 누구나 할 수 있다. 그러나 예수님처럼 사랑을 실천하는 것은 아무나 할 수 없다. 예수님의 사랑을 실천하려면, 먼저 우리 자신이 예수님의 사랑을 체험해야만 한다. 하나님이 주시는 은혜를 받아야만 그 사랑을 실천할 수 있는 것이다.

만약 누군가가 당신의 소중한 사람 혹은 물건을 빼앗아 간다고 하면 당신은 베드로처럼 칼을 들고 대적할 것인가? 아니면 잘린 말고의 귀를 손으로 만져주셨던 예수님처럼 끝까지 참고 사랑으로 다가갈 것인가? 선택은 자유다. 칼을 드는 것은 분명히 쉽다. 세상의 방법이라면 그것이 옳을 것이다. 그러나 그들을 사랑의 손길로 만지는 것이 훨씬 어렵다. 하나님이 기뻐하시는 삶은 때론 세상이 이해할 수 없는 방법으로 사는 것이다. 예수님은 세상이 이해할 수 없는 사랑을 보여주신 것이다.

이 땅에 사는 동안 왜 우리를 괴롭게 하는 사람이 없겠는가? 왜 우리에게 칼을 드는 사람이 없겠는가? 원수를 미워하는 것은 쉽다. 정죄하는 것도 쉽다. 하고 싶은 말 다하는 것도 쉽다. 그러나 미워도 용서하는 것이 더 어렵다. 정죄하기 전에 나 자신을 돌아보는 것이 더 어렵다. 하고 싶은 말이 많지만 참는 것이 더 힘들다.

예수님은 우리에게 "좁은 문으로 들어가라 멸망으로 인도하는 문은 크고 그 길이 넓어 그리로 들어가는 자가 많고 생명으로 인도하는 문은 좁고 길이 협착하여 찾는 자가 적음이라"(마 7:13-14)고 말씀하셨다. 미운 사람을 끝까지 미워하고 원망하는 것은 세상 사람들도 할 수 있는 넓은 문의 길이다. 그러나 미워도, 용서할 수 없어도 끝까지 사랑하고 감싸주는 것이 바로 좁은 문이다. 좁은 길은 힘들다. 아무나 그 길을 걸어가지 못할 것이다. 그러나 정말 예수 그리스도의 보혈의 은혜를 체험한 사람은, 복음을 바로 믿는 사람은 능히 이 좁은 문으로 들어갈 수 있을 것이다.

나도 교도소선교를 하다가 그렇게 열심히 복음을 가르쳐도 변화되지 않고 수십 번 넘어지는 자들을 보며 포기하고 싶을 때가 한두 번이 아니었다. 그럴 때마다 정말 이렇게 말하고 싶다.

"어떻게 그럴 수가 있냐? 네가 믿음이 있기는 하냐?"

그러나 하고 싶은 말을 다하면 모든 것이 다 끝나버린다. 그런 순간이 다가오면 나는 조용히 그의 손을 잡고 기도한다. 왜냐하면, 나조차도 인간이기에 순간 넘어질 수 있고, 그 또한 내가 더 위해서 기도해주지 못했기 때문에, 결국엔 내가 부족하고 우리 모두가 아직 부족하기 때문에 하나님께 우리를 불쌍히 여겨달라고 기도한다. 놀라운 것은, 그렇게 속을 썩이던 사람도 실수할 때 그 사람을 책망하지 않고 함께 손을 붙잡고 기도하면 그 사람의 마음이 변화됨을 볼 수 있었다.

사랑은 폭력보다 강하다. 악한 사람일수록 더욱 사랑으로 다가가 줘야 한다. 그들에게 필요한 것은 벌이나 폭력이 아니다. 그들에게 필요한 것은 바로 사랑이다.

어떤 사형수 형제가 사형집행장에서 이런 고백을 했다.

"제가 사실 어렸을 때 교회 주일학교를 나갔었습니다. 그런데 주일학교 선생님이 어린 저를 다른 아이들과 비교하고 차별했습니다. 그 선생님은 저에게 복음을 잘 가르쳐주지도 않았습니다. 그래서 전 교회나 세상이나 별 차이 없구나 하고 교회를 자연스럽게 나가지 않게 되었습니다. 아, 그때 그 선생님이 나를 정말 사랑해주셨더라면, 나에게 복음을 잘 가르쳐주셨더라면, 지금 전 이 자리에 없었을지도 모릅니다."

너무나 안타까운 일이다. 교회가 사랑을 잃어버리고 복음을 잃어버리면 이런 피해자들이 생기는 것이다. 얼마나 하나님께 책망받을 일인가? 이것이 남 일처럼 느껴지면 안 된다. 바로 우리들의 책임이다. 지금도 하나님은 사랑을 소유한 그리스도인을 찾고 계신다. 하나님은 유능한 사람을 찾지 않으신다. 특별히 사역에 대한 부르심은 더욱 그렇다. 하나님의 일은 재능으로 하는 것이 아니다.

지난 30여 년 동안 내가 사역하면서 늘 강조하는 것이 있다면, 하나님의 일을 하는 사람들은 반드시 영혼을 사랑하는 마음이 있어야 한다는 것이다. 만약 이것이 없다면 그 사람은 아무리 뛰어난 언변과 성경지식과 능력을 가지고 있어도 사역에 실패하기 쉽다. 하나님의 일은 물건을 대상으로 하는 것이 아니고 사람을 상대하는 일이며, 영혼을 살리는 일이기 때문이다.

옥중서신 2

할렐루야! 오늘 새벽에도 성령님께서는 저의 기도 중에 찾아오셔서 은혜의 눈물을 훔치게 하시고, 울어도 울어도 뜨겁게 은혜받은 상한 심령의 가슴은 쉽게 가라앉지 않습니다.

"한 영혼이 천하보다 귀하다"고 말씀하신 주님의 사랑하심으로 절망의 늪 속에 빠져 허우적거렸던 내 슬프고도 고단한 영혼을 지난 10년 동안 은초의 두루마기로 덧입혀 주신 하나님께 먼저 감사드립니다.

지난 1999년 강원도 삼척 깊은 산 속 사냥터에서 엽총 살인 사건으로 사형판결을 선고받아 생과 사의 외줄 위에 선 채로 한 방울, 한 방울의 피를 말리는 10년의 세월을 담 안에서 보내온 본인은 사형수 정진구입니다.

저는 깊은 탄식과 후회, 가누기 힘든 두려움의 벼랑 끝에서 만난 하나님께 엎드려 빌고 또 빌어도 천벌을 면치 못할 죄인 중에 괴수임을 자복하며, 회개를 통해 주님께 구원을 얻은 자입니다. 그동안 영적인 투쟁으로 승리하여 얻어진 지금의 평안을 전능하신 하나님께 영광 돌리고 많은 성도와 형제들의 귀감이 되고자 미흡하고 부족하지만 성령님께서 인도해 주시는 뜨거움으로 간증을 소개합니다.

"經師易求人師難得(경사역구, 인사난득)이라 했듯이 "인생에서

Love Is More Powerful Than Violence

글을 가르치는 스승은 만나기 쉬워도 사람됨을 몸소 가르치는 스승은 만나기 어렵다" 하신 옛 성현의 말씀을 오늘 생각해 봅니다. 제게는 마음을 따뜻하게 해주는 영적인 스승이 한 분 계십니다. 누구나가 소유한 인생, 그 인생을 넘어선 영원한 생명이 있음을 깨닫게 해 주신 그분은 으뜸사랑교회의 김영석 목사님이십니다.

온 인류의 구원주로 오신 하나님의 독생자이신 예수님의 행적이나 그분의 사랑을 온전히 배우고 깨닫기도 전에 구금시설 내 수용자 중에서도 특별하게 분류된 중점관리 대상자의 한 사람으로서 김영석 목사님을 서울구치소에서 처음 만났습니다.

저는 1963년 유복하지는 않아도 부족함이 없는 가정에서 2남 1녀의 막내로 태어났습니다. 지금 돌이켜 회상해 보면 오늘 사형수로 불러 이곳에 세우신 뜻이 당신의 나라와 의를 선전하는 도구가 되도록 이미 예정하셨음을 느끼게 됩니다. 어린 시절부터 수많은 상처를 겪게 하신 주님은 그 상처와 아픔이 군살이 되는 과정에서 저를 거듭나게 하신 뒤, 진리를 확증하고 지키도록 처절한 생명력으로 이끌어 오신 섭리와 뜻이 지금 이 시간 새로워집니다.

70년대 이 땅의 모두가 어려워졌던 시기에 힘겨운 삶을 신앙으로 극복하시며 삼 남매를 키우시는 어머니의 손에 이끌려 배우게 된 하나님과 교회, 그리고 예수님을 믿으면 천국을 갈 수 있게 해 준다는 목사님 말씀에 대한 진정한 의미도 깨닫기 전에 찾아온 부모님의 종교적인 갈등 때문에 평온했던 저희 집안은 폭력과 분란이 가득한 가정이 되어 버렸습니다.

　조상 대대로 점쟁이를 믿는 아버지의 토속 신앙과 어머니의 하나님 신앙이 영적으로 부딪치면서 분란이 계속되어 어린 저희 삼 남매는 불안에 떨었고, 그로 인해 집안 분위기는 점점 황폐해져만 갔습니다. 그러던 어느 날 학교에서 돌아온 제 눈앞에 아버지에게 폭행을 당하여 피를 흘리시며 쓰러져 계신 어머니와 집안 곳곳에 부서진 채로 흩어져 있는 가구들을 보니 부모님께서 얼마나 심하게 다투셨는지 짐작이 갔습니다. 지금도 생생하게 기억되는 당시 어머니의 믿음의 상징이었던 성미 자루, 당신이 손수 붉은색 실로 수놓아 만드셨다는 십자가 그림의 자루가 피 묻은 채로 마당 한 곳에 던져져 있는 것이 보였습니다.

　어머니는 매 끼니때마다 쌀을 식구 수대로 수저에 떠서 성미 자루에 담아 놓았다가 주일이 되면 교회로 가져가셨습니다. 그 자루에서 쏟아져 나온 쌀들이 온 집 안에 흩어져 있었습니다. 그날 아버지는 "교회가 그렇게 좋으면 목사 놈하고 살아라" 하신 뒤 입에 담지 못할 욕설을 퍼부으시며 집을 나가셨습니다. 그날, 열두 살 어린 저에게는 아버지의 불신앙을 통해 하나님에 대한 불신 세력이 내 영혼 깊숙이 들어왔으며, 그 당시 저의 생각 속에는 교회와 목사라는 존재가 가정을 파괴하고 망가뜨리는 나쁜 대상이라고 확신하게 되었습니다.

　그렇게 저는 삐뚤어진 마음으로 영혼이 안식과 쉼을 얻을 수 있는 천국의 선한 삶을 떠나 죄가 많은 세상의 길을 택하게 되었습니다. 곧 찾아온 사춘기 때의 반항적인 삶과 군 출신이신 아버지의 폭력적인 행동에 영향을 받아서인지 성품은 점차 난폭하게 변하여 중학교를 두 번이나 옮겨 다닌 끝에 결국 뒷골목 폭력배가 되어 인생이 송두리째 바뀌게 되었습니다. 점차 세상이 가져다주는 쾌락의 맛과 정욕된 삶에 휩쓸려 조직적인 범법을 저지르며 동료들과 몰려다니다 결국 범죄자가 되어 교도소에 수감되기까지 했습니다.

어머니는 제게 교회를 다니면서 하나님이 원하시는 삶을 살라고 늘 권유하셨고 때로는 눈물로 책망하시며 온전한 생활을 교육하셨지만 교도소를 출소한 후에도 저는 뒷골목으로 다시 돌아가 유흥업소인 나이트클럽을 운영하는 등, 동조세력을 모아 불법적인 이권과 온갖 편법적인 방법으로 돈을 벌기 시작했습니다. 또한 접대와 향응을 통해 관계 공무원을 매수한 뒤 제게는 허가되지 않는 엽총을 편법으로 허가를 받아내는 등, 교만함이 극에 달하는 생활을 하였습니다.

결국 "욕심이 잉태하여 죄를 낳고 죄가 장성하여 사망에 이른다"(약 1:15)는 주님의 말씀처럼 살아있는 생명을 경시하며 사냥하러 다니다가 하나님의 존귀한 생명까지 살상하게 되는 패망의 선봉자가 되었습니다. 1999년 1월 세상을 깜짝 놀라게 했던 삼척 사냥터에서의 총기 살인 사건으로 저의 인생은 하루아침에 천길

지옥을 경험하게 되었습니다. 6개월간 미궁에 빠져 있던 사건의 범인으로 검거되면서 그때부터 삶과 죽음의 경계를 넘나드는 고된 날들이 계속되었고, 3심 재판을 거쳐 최종 결론으로 사형판결을 받게 되었습니다.

　세상적인 불법과 죄악은 반드시 사망에 이르게 된다는 엄연한 사실과 그것이 바로 하나님이 말씀하신 "죄의 삯"이라는 분명한 진리를 직접 체험했던 것입니다. 허랑방탕했던 인생의 대가는 너무나도 혹독했습니다. 천 길 낭떠러지 끝에 매달린 슬픈 짐승처럼, 현실에 몸부림치면서 하루하루가 희망도 없는 삶의 외줄 위에 선 채 피가 마르는 심정으로 버둥대다가 모든 것을 포기하자는 생각으로 자살을 결심하기도 했습니다.

　관리자들은 사고방지를 목적으로 저를 독방에 밀어 넣은 뒤 사슬로 묶고, 또다시 가죽으로 만든 혁수정을 채웠으며 손목에 수갑 하나를 더 채웠습니다. 온몸을 결박당한 채 징벌방에 던져진 저는 숨조차 쉬기 힘든 지옥을 경험했습니다. 첫 재판 때에 찾아오신 어머니는 조용히 눈물로 기도하시더니 "하나님이 너를 치셨다"라는 한마디를 제게 남기신 뒤 돌아가셨습니다. 제가 겪는 여러 가지 고통 가운데서 저를 돌아보고 현실을 직시할 수 있었던 하나님의 존재에 대한 메시지는 바로 어머니의 말씀 한마디인 "하나님이 너를 치셨다"였습니다. 어머니의 망연자실한 슬픔과 아픔이 고스란히 함축되어 있는 그 말씀은 힘들고 절망스러웠던 순간마다 비뚤어진 양심을 두드리는 책망의 쇠망치가 되어 나를 괴롭혔습니다.

사형수로 생활하면서도 죽음에 대한 두려움과 세상에 두고 온 아내와 어린 두 아들에게 다가올 험난한 삶에 대한 책임에 따른 일말의 중압감으로 인해, 현실을 부정하려는 몸부림 속에서 비롯된 관규 위반을 누차 범했습니다. 그런 난폭한 저항 가운데 징벌방 사슬에 꽁꽁 묶여 있던 어느 날, 그동안 완전하게 깨어지지 않았던 양심의 자아가 깨어지면서 신령하신 성령 하나님의 날카로운 검을 맞게 되는 체험을 하게 되었습니다. 빛과 같은 예리한 존재가 내 목을 가르는 그 찰나의 순간에 공포스러운 나머지 나도 모르게 하나님을 부르며 외쳤습니다. 순백의 하얀 옷을 입으시고 독방 문밖에 서 계신 주님의 형상을 느꼈습니다. 그날 그 순간 저는 거짓 없이 예수님을 입으로 시인했습니다. 하나님의 검이 나를 치셨다는 사실이 현실로 생생하게 느껴지면서 하나님이 두렵고 거룩하신 존재임을 스스로 믿어지고 깨달아졌던 것입니다.

너무나도 생생한 꿈을 통해서 저의 머릿속에 각인된 것은 전능하신 하나님은 하늘로 올라가도 거기 계시옵고, 지옥에 내려가도 거기 또한 계신 분이라는 진리의 성경 말씀이었습니다. 또한 진정 두려워해야 할 것은 사형수의 육신을 옭아맬 형장의 올무가 아닌, 영원한 형벌을 주관하시는 하나님의 존재인 것을 스스로 자각하게 되었습니다.

그러나 뼛속 깊이 죄악으로 물든 내 육신을 지배하고 있는 세상적인 마귀의 영은 제가 세례를 받아 하나님과 한몸이 되어 더욱 주님을 향해 나아가고자 발버둥 칠 때마다 저를 막아서며 영적으로 방해를 했던 까닭에, 세 번을 시도한 끝에 주님의 자녀가 되는 세례교인이 될 수 있었습니다. 내가 주님의 귀한 자녀인 것을 고백하는 순간 하나님의 은혜와 사랑은 여러 길로 통로를 열어 주시며 죄 많은 인생에 감동과 기적을 보여 주셨습니다.

이름 없이 빛도 없이 오직 주님의 사랑 하나만 내세우시며 주님의 종으로 교정 사역에 헌신하시는 목사님들과 먹이고 입히시며 보살펴 주신 어머님 같으신 자매님들의 헌신적인 봉사와 사랑 앞에서 저는 조금씩 선한 양심을 회복하면서 주님을 배우게 되었습니다. 보배로운 주님의 말씀을 듣는 자에게 그 진리의 말씀인 복음을 전하는 자로 차츰 변화되는 과정에서 저는 다시 한 번 시험과 환난을 조장하는 마귀의 올무에 걸려 넘어지고 말았습니다. 그것은 기초가 튼튼하지 않은 신앙의 토대 위에 세워진 믿음의 연약함에서 비롯된 사탄의 시험이었습니다. 세상에 대한 안목과 교만한 육신의 정욕이 순간순간 되살아났던 것이었습니다.

결국 저는 주님의 복음을 담대히 전하고 올바르게 선포하기 위하여 그동안 저를 양육해 주신 자매 권사님을 대신하여 하나님의 종이신 목회자로 다시 자매를 선택하여 지도받기로 마음을 먹었습니다. 당시, 서울구치소 교화위원이시면서 문제수들과 정신지체 수용자들을 집중 지도 양육하시는 김영석 목사님을 개인 자매 겸, 지도 목사님으로 연결되기를 교육 교화과에 신청하고, 주님께 기도하던 중 평소 모든 최고수들에 대한 각별하신 관심과 사랑이 있으셨던 목사님이 저와의 자매결연을 기꺼이 허락하셨습니다.

그때부터 목사님과 저는 기독교 신앙의 기초교리에서부터 다시 시작하여 신앙의 본질인 삼위일체 하나님에 대한 중요한 교육을 통해 체계적으로 신학공부에 준하는 가르침을 받게 되었습니다. 언제 형장으로 불려 나아가 생을 마감할지도 모르는 사형수로서 하루를 살아야 한다는 암담한 현실 앞에서, 출구가 없는 괴로운 시간만 존재할 줄 알았는데 하나님을 만난 뒤, 새 생명을 입은 구원받은 자녀의 삶 속에는 날마다 기쁨과 감사가 끊이질 않았고, 하루의 삶이 가져다주는 공명은 너무나도 컸습니다.

한 평 남짓한 비좁은 공간에서 거하는 생활이지만 영혼은 자유로운 성령충만을 누리게 되었고, 진리 속에선 삶을 긍정하는 역사가 날마다 일어나 제게는 천국이 따로 없었습니다. 매월 2회 자매 예배 시간에 목사님께 배우고 지도받은 하나님의 진리인 말씀의 지식을 고스란히 방으로 옮겨와, 동료 재소자 형제들에게 열심히 전하며 옥중 선교사라는 자부심과 함께 복음을 전하는 자로 그 소명을 다 할 때마다 주님은 축복해 주시며, 영육 간에 부족함이 없는 사랑을 제게 부어 주셨습니다. 그러던 어느 날, 자매 예배 시간에 목사님은 늘 함께 방문하시는 으뜸사랑교회의 여러 직분자님들 앞에서 목사님 교회의 '서리집사'라는 직분을 저에게 허락하셨습니다.

저는 감사한 마음으로 기뻐했고 어떤 막중한 책임을 느끼기도 했지만 무엇보다 나 자신이 우쭐해지는 교만한 마음도 생겼습니다. "네가 올바로 섰다고 생각했을 때 넘어진 줄 알아라" 하신 사도 바울의 말씀처럼 직분을 받을수록 낮아지고 겸손해야 했음에도 저는 그 당시 사회 속에 두고 온 가족들의 문제로 괴로워하면서 사탄의 시험이 임하게 되어 또다시 넘어지고 말았습니다. 집사의 직분을 가진 저는 스스로 담대한 믿음을 소유한 존재라는 착각 때문에 사탄의 올무에 걸려 넘어진 것입니다. 그때의 일로 누구보다 가슴 아파하시며 슬퍼하신 목사님을 생각하노라면 수년이 지난 지금까지도 너무나 송구하고 죄송해서 눈시울이 뜨거워짐을 느낍니다.

목사님은 그 당시 미욱한 저의 잘못과 허물로 인해 수치와 모욕을 고스란히 떠맡아 감당하셔야 했지요. 당신께서 지도해온 양의 잘못 때문에 비난의 중심에서 곤란을 겪으시면서 제게는 따끔한 역정을 내시거나 야단 한마디도 하지 않으셨습니다. 당시 "이놈, 네가 그럴 수 있느냐?"라고 차라리 손찌검을 하셨으면 제 마음이라도 후련했을 텐데, 목사님은 제 손을 부여잡고 기도로써 속상함을 대신하셨지요. 마치 목사님 당신께서 양을 잘못 가르치고 인도해서 실족한 것처럼 자책이 담긴 기도….

그래서 주님도 양의 넘어짐을 슬퍼하셨고, 당신께서도 슬퍼하시는 모습으로 숙연하게 기도를 하시다가 끝내 저와 함께 눈물로 기도를 맺지 못하시던 그날 그 순간이 제 가슴속에선 영원히 잊혀지지 않고 각인되어 있습니다. 그 어떤 훈계와 꾸지람이나 매질보다 더욱 힘이 있고 강력한 하나님의 신앙적인 교훈은, 바로 가슴을 끌어안고 함께 아파해 주신 목사님의 그 따뜻한 사랑이었습니다.

"사랑은 폭력보다 강하다." 하나님의 종으로서 그동안 사명을 경주해 오신 목사님의 인생관에 의하면 책 제목으로 이보다 더 훌륭한 것은 아마도 없을 것입니다. 헤아릴 수조차 없는 수많은 영혼들, 특별히 소외되고 상처가 많은 옥에 갇힌 형제들을 더욱 깊이 끌어안고 사랑으로 돌보시며 사역하시는 목사님을 본받아, 저 역시 그 가르침과 배움을 토대로 주님의 복음을 전하는 일꾼이 되겠습니다. 저는 하늘을 우러러 하나님과 피해자분들께 생명을 빚진 죄인입니다.

지난날 살인하는 자에서 하나님이 기적으로 제 인생이 덤으로 조금 더 주어진다면 이제 영혼을 살리고 구원하는 주님의 사랑을 전하시는 직분자님들을 위해 기도합니다. 이 간증을 보시는 모든 분들에게도 내가 만난 주님의 은혜와 역사가 함께하시고 여러분의 신앙생활에 도움이 될 수 있기를 기도합니다.

대구교도소에서
간증인 정진구

교정시설 추수감사예배(한복 입은 사람들은 최고수 형제들)

3

구원에 이르는 진정한 회개
"사람에게 용서를 구하고 하나님께는 철저한 회개"

진정한 회개

고백은 숨김없이 사실을 말하는 것이고 회개는 과거의 잘못된 행위로부터 완전한 전환을 말하는 것이다. 우리는 죄를 갖고는 그 거룩하고 아름다운 천국에 들어갈 수 없다. 그러므로 우리가 구원에 이르기 위해서는 철저한 회개가 필요하다.

> 여호와께서 말씀하시되 오라 우리가 서로 변론하자 너희 죄가 주홍 같을지라도 눈과 같이 희어질 것이요 진홍 같이 붉을지라도 양털 같이 되리라(사 1:18).

삶과 죽음이 몇 분 차이로 교차하는 사형장에서는 짧은 시간 중에 그의 삶과 인격의 모든 것을 볼 수 있다. 어떤 사람은 마지막 죽는 순간까지 자신은 죄가 없고 모든 책임은 국가와 사회제도의 모순에 있다고 하며 모든 책임을 타인에게 돌리고 끝까지 자신의 책임을 회피 또는 합리화하며 최후를 맞는 사람을 보게 된다. 그것은 자신의 죄를 인정하고 회개한 자와 자신의 죄를 인정하지 않고 회개하지 못한 자의 차이일 것이다.

오호라 나는 곤고한 사람이로다 이 사망의 몸에서 누가 나를 건져 내랴(롬 7:24).

우슬초로 나를 정결케 하소서 내가 정하리이다 나를 씻기소서 내가 눈보다 희리이다(시 51:7).

사형장에서 집행관이 사형수를 지정된 의자에 앉게 하고 인정심문을 한다. 인정심문이 끝나고 나면 그의 범죄내용을 확인하는 자리에서 자신의 죄를 인정하는 자가 있는가 하면, 어떤 사람은 여러 가지 변명을 하며 재판이 잘못되었다고 한다. 또는 자신이 사형수가 되어 오늘 이 자리에 앉게 된 것은 잘못된 사회구조 때문이고, 돈이 없어서 능력 있는 변호사를 선임하지 못했기 때문이라고 억울함을 호소하며 검사와 재판관한테 욕을 하고 나라를 욕하는 자들도 있다. 또 다른 이는 너무나 두려운 나머지 집행관이 묻는 말에 아무런 대답도 못하고 울기만 하는 자들도 있다. 또 어떤 사람은 마지막 할 말이 없느냐는 질문에 맑은 하늘을 한 번 더 보고 싶다며 잠시라도 생명을 연장해 보려고 하는 등 여러 부류의 사람들이 있다. 분명한 것은 믿음을 갖고 자신의 죄를 발견한 사람은 사형 집행관에게 자신의 흉악한 죄를 모두 인정하며 고백한다.

"네. 맞습니다. 벌써 죽었어야 마땅한 자입니다."

그리고 피해자와 가족들에게 용서를 빌며, 당연하고 초연하게 죽음을 맞는다. 바울은 자신을 "죄인 중에 괴수"(딤전 1:15)라고 말한다. 자신이 죄인임을 인정하는 자만이 회개를 하게 되고 예수님의 피로 씻김을 받고 죄 사함을 얻을 수 있다.

어떤 사형수는 마지막 임종예배를 마친 후 사형집행 직전에 내게 죄를 고백하고 회개기도를 부탁해서 함께 기도를 한 적이 있었다. 내용은 어젯밤에 같은 거실 동료 재소자와 말다툼을 했고 미워하는 마음을 갖고 잤는데 방에서 나오면서 그 형제에게는 용서를 빌고 화해를 하고 나왔지만 미처 하나님께 회개를 하지 못했다는 것이다.

우리는 하나님 앞에 모두가 사형수요, 시한부 인생이다. 언제 우리를 부르실지 모르기 때문이다. 그러므로 매일 우리는 진정한 회개를 해야 할 것이다. 나는 교정선교를 하면서 내게 도전을 주는 귀한 동역자들을 많이 만난다. 80년대 중반부터 90년대 초반까지 대중가요(토요일은 밤이 좋아, 사랑이 저만치 가네)로 정상에 오르며 세상을 떠들썩하게 했던 가수 김종찬은 무리한 사업의 어려움으로 엉켜 결국은 3년의 세월을 서울구치소에서 보내게 되었다. 그곳 상담 및 선교를 갔을 때 성전에서 또는 도서실에서 만나면 그는 손을 붙잡고 많은 눈물을 흘리며 회개기도를 하곤 했다.

　나는 하나님이 그를 순간순간마다 붙잡아 주심을 볼 수 있었다. 그는 유명한 가수였기에 여러 가지 유혹들이 있었지만 믿음으로 그것들을 잘 이겨냈고, 인생의 극한 고난 가운데서 결국 가석방으로 출소했다. 그날 나는 짙게 썬팅이 된 자동차를 준비하여 구치소 정문에서 그를 태우고 그날 바로 양수리에 있는 수양관으로 인도했다. 그 이후로도 그는 믿음으로 정진하여 제주도 한라산 기도원에 가서 아름다운 찬양 여러 곡을 작사 작곡하고 끝까지 물질적인 어려움에도 세상 노래를 부르지 않고 찬양 사역을 시작했다. 그는 나를 만났을 때 꼭 10년 후에는 목사가 되어 하나님을 위해 살겠다며 약속을 했다. 그는 지금 목사가 되어 귀한 사역을 잘 감당하고 있다.

　진정한 회개는 잘못된 과거로 다시 돌아가지 않는 것이다. 그는 세상에서 누리던 즐거움과 인기를 향해 가지 않았다. 나는 믿음으로 살려고 애쓰는 그를 보며 많은 도전을 받았다. 그가 장신대를 갈까 백석대를 갈까 망설이다가 마침 미국에 찬양집회가 있어서 출국했을 때, 내가 임의로 그를 방배동에 있는 백석대학교 신학부에 등록시켰다. 사실 나도 개척교회를 하며 어려웠지만 첫 등록금을 대납했다.

　지금에야 밝히는 일이지만 본인에게는 동생이 도와주었다고 말했다. 그에게 사실대로 말을 하여 그걸 집사람에게라도 고맙다는 인사라도 하게 되면 안 될 것 같아서였다. 아무튼 그는 찬양사역을 하며 가장으로 가정도 꾸려가며 학교 공부도 열심히 해서 자신이 하나님께 한 약속을 지켜가고 있다.

철저한 회개

교정선교의 든든한 동역자요, 진실한 고백과 철저한 회개의 주인공 한 분을 소개하려고 한다. 며칠 전 일이다. 청주여자교도소의 예배가 있어서 장혜리 집사님에게 전화를 했다. 그분은 80, 90년대에 유명한 가수(내게 남은 사랑을 드릴게요. 추억의 발라드 등)였다. 지금은 사람들을 기쁘게 하는 세상 가수가 아닌 하나님을 찬양하는 복음 가수로 여러 곳을 다니며 찬양사역자로 많이 분주한 분이다.

그럼에도 교도소선교에 필요할 때마다 내가 전화를 드리면 다른 스케줄을 취소하고라도 교도소예배는 꼭 오시는 분이기에 장 집사님께 전화를 드렸다. 예배 일시를 알려드리고 함께 갈 수 있겠느냐고 했더니, 집사님은 그날 다른 곳에 일정이 있으셔서 못 간다고 하셨다. 찬양사역자로 아주 바쁘신 분이라서 나는 그렇게 알고 전화를 끊었다. 5분 후에 내게 전화가 걸려왔다. 또 장 집사님이셨다. 아까는 스케줄을 잘못 보셨다면서 다시 그날 예배에 오실 수 있다고 하신다. 나는 그렇게 알고 예배 준비를 하겠다며 전화를 끊었다. 그런데 예배 일정 이틀 전에 장 집사님이 내게 전화를 하셨다. 여느 때와 달리 목소리에 힘이 없었고 울먹이는 듯했다.

"목사님께 고백할 게 있어서요."

"목사님! 지난번에 제가 거짓말을 했어요. 그 뒤로 계속 맘이 불편하고 기도를 해도, 주님이 계속 책망을 하시는 것 같아서 견딜 수가 없어서 고백해요. 목사님 전화를 받은 그날 지방에서 집회를 마치고 올라오면서 제가 많이 피곤했어요. 그래서 그날 스케줄이 있어서 못 간다고 했습니다. 전화를 끊고 나니 옆에 있던 남편이 '당신 왜 그래?'라고 하더군요. 저는 '너무 피곤해서 그랬어!'라고 대답했지만 마음이 불편해서 목사님께 다시 전화를 할까 말까 갈등을 하다가 다시 전화를 해서 그 거짓말을 덮기 위하여 또 다른 거짓말을 했습니다. 그래서 제가 스케줄을 잘못 보았다면서 그날 가겠다고 하면서 두 번째 거짓말을 하게 되었습니다. 목사님 정말 죄송합니다. 며칠 동안 기도를 해도 맘이 편하질 않고 해서 이렇게 목사님께 용기를 내서 고백합니다. 목사님 정말 죄송합니다. 그러고 나서 주님이 저를 많이 책망하시는 것 같아서 많이 울었습니다. 목사님 정말 죄송합니다."

울먹이는 목소리로 고백하는 집사님의 그 솔직함에 나는 무슨 말로 위로를 할지 당황이 되었다.

"집사님! 이 세상에 죄 없는 사람이 어디 있겠어요! 더 큰 죄를 짓고도 죄의식도 느끼지 않고 뻔뻔하게 살아가는 사람이 많은데, 오히려 제가 도전이 됩니다."

전화를 끊고 나는 목회자인 나 자신을 생각하며 스스로 물어보았다.

"저 집사님처럼 나는 사람 앞에 솔직했고 하나님 앞에 철저한 회개를 했는가?"

장 집사님의 믿음의 고백과 철저한 회개는 목회자인 내 맘을 감동시켰고 내게 큰 회개의 영향을 주었다. 그뿐 아니라 이날 장 집사님의 고백은 청주여자교도소 예배 후 찬양을 드리면서 계속되었다. 그곳에 수백 명의 자매들이 모인 자리 앞에서 내게 하였던 그 고백을 똑같이 하시는 것이었다.

"이렇게 어리석고 부족하고 죄 많은 저도 하나님께 찬양을 드리려고 이 자리에 섰습니다. 하나님은 죄 많은 우리를 사랑하십니다. 그래서 예수 그리스도를 이 땅에 보내 주시고 우리를 구원해 주셨습니다. 주님은 우리를 너무너무 사랑하십니다."

장 집사님은 그날 "하나님은 너를 사랑해! 너무너무 사랑해"란 곡으로 많은 자매들과 눈물을 흘리며 찬양을 드렸다. 그날 우리 모두가 큰 은혜를 체험하였다. 우리는 가끔 잘못한 일이 있고 다른 사람에게 거짓말을 하고 상처를 주고 피해를 주고도 상대방에게는 자신의 잘못도 인정하지 않고 고백도 화해도 없이, 조용히 하나님께만 회개하는 경우가 많지 않았는지? 우리는 돌이켜 봐야 할 것이다. 한 사람의 솔직한 고백과 철저한 회개는 많은 사람들을 감동시켰고 분명 하나님도 그 기도를 들어 주셨으리라 믿는다.

언젠가 "밀양"이란 영화가 상영되었다. 많은 사람들이 이 영화를 보고 내게 이런 질문을 했었다.

"정말 교도소 안에 갇힌 사람들이 피해자들한테 미안한 마음은 있을까요? 영화 속에 나오는 사형수처럼 하나님께 용서받았으니 피해자들에 대한 미안한 마음도 갖지 않는 것 아닐까요?"

그럼 나는 이렇게 대답한다.

"글쎄요. 사람의 마음을 제가 어떻게 알겠습니까? 그러나 저는 그들이 늘 피해자 가족들을 위해 기도한다는 것을 알고 있습니다. 늘 피해자들을 향한 미안함과 두려움이 그들 안에 또 다른 감옥으로 늘 그들을 가두고 있습니다. 모두가 다 그 영화 속에 나오는 사형수처럼 본질을 잃어버린 신앙생활을 하는 것은 아닙니다. 영화는 영화일 뿐입니다. 현실과 영화가 같을 수 없는 것처럼 비록 감옥 안에 갇혀있지만 그들도 밖에 있는 사람들과 다를 바 없는 평범한 사람들입니다. 위로는 하나님께 용서받고 땅에서는 사람들에게 용서받는 것이 진정한 십자가의 길이라는 것을 그들도 모르지 않습니다. 제가 말할 수 있는 것은 여기까지입니다."

너희 지체를 불의의 무기로 내주지 말고 너희 자신을 죽은 자 가운데서 다시 살아난 자같이 하나님께 드리며 너희 지체를 의의 무기로 하나님께 드리라 죄가 너희를 주장하지 못하리니 이는 너희가 법 아래 있지 아니하고 은혜 아래 있음이라(롬 6:13-14).

이제는 너희가 죄로부터 해방되고 하나님께 종이 되어 거룩함에 이르는 열매를 맺었으니 그 마지막은 영생이라(롬 6:22).

옥중서신 3

김영석 목사님께!

글을 쓰기 전 저 자신을 돌아보면 하나님 은혜요, 은총이라 믿습니다. 나의 나 된 것은 주님의 은혜임을 고백하면서 글을 올립니다. 사랑하는 김영석 목사님! 사랑하는 형제자매님! 찬송가 423장(구 213장) "먹보다도 더 검은"은 제가 제일 좋아하는 찬송입니다. "세상 부귀 영화와 즐겨하던 모든 것 주를 믿는 내게는 분토만도 못하다."

세상에서 살았던 지난 과거 분토만도 못하고 추한 과거이지만, 서두에 앞서 잠시만 저의 추한 과거를 생각하고 싶지 않지만 주님은 이런 죄인도 주님의 도구로 일꾼으로 자녀 삼아 주신다는 것을 말씀드리고자 추한 과거를 말씀드립니다.

고린도전서 1:25-29에 보면, "하나님은 세상에 천한 것, 멸시받는 것, 없는 것들을 택하사 있는 것들을 폐하시려 하나니 이는 아무 육체라도 하나님 앞에서 자랑하지 못하게 하려 하심이라. 아멘"(고전 1:29) 진정 하나님 은혜에 감사드리며 글을 쓴답니다.

저는 ○○파 선배를 업신여기고 우습게 본다는 이유 하나만으로 동료를 살해하고 그 시체를 토막 내어(200토막 이상 형체를 알아보지 못하게 하여) 신체 일부분인 간을 꺼내어 동참했던 동료들과 나누어 먹으며 소주잔을 높이 들면서 "변치 말자! 우리의 의리

Love Is More Powerful Than Violence

와 내일을 위하여"를 외쳤던 아수라장과 같았던 인간, 아예 인간이기를 포기한 나에게 이름 대신 붙여진 호칭은 바로 ○○파 두목(수괴, 주범)이라는 것이었습니다.

부모님이 정성들여 지어 주신 이름 대신에 ○○파라는 이름이 많은 사람들의 입에 오르내리기 시작한 것은 1999년 00월 00일이었고 신문, TV, 라디오 방송매체를 통해 전국으로 발표되었던 인간 백정, 살인마, 엽기살인 등 처음 구속되면서부터 경찰소에서 자살시도, 교도소에 들어와서도 교도관, 수용자 등 걸리면 걸리는 대로 괴롭히고 어차피 사형받은 놈이니 건들지 말라고, 내 맘대로 살다 귀찮으면 죽을테니 하며 몸부림쳤습니다.

원래 인간은 두려우면 더 강한 척한다는 말이 옳았겠죠. 1년쯤 살았는데 그러던 중 어느 사형수의 전도로 한 사형수를 만났습니다. 나는 거의 미쳐서 살아가고 있었는데 그 사형수는 얼굴이 천사 같았습니다.

그분이 "이진철씨 내가 나이가 한참 많으니 동생이라 할게요. 같은 입장이니, 편하게 말해도 되죠?" 하면서 "우린 사형수이지만 이 세상 사람 중 사형수 아닌 사람 없습니다. 태어나는 것은 순서가 있어도 죽는 것은 순서가 없는 거죠. 하루를 살아도 사람답게 살다 죽는 게 낫지 않나요?" 하면서 이번 주 집회가 있는데 한번 가자고 하여 그분을 따라 교회당에 들어갔습니다.

교회당에서 "나 같은 죄인 살리신" 찬양이 나오는데 들어가는 순간부터 예배 끝날 때까지 눈물, 콧물을 얼마나 흘렸는지 모른답니다. 그 첫날 하나님께 기도의 어머니와 누나(복음찬양 가수인 대전교도소 교화위원 정은숙 집사님, 이은숙 권사님)같은 좋은 분을 예비하여 주셨습니다.

정은숙 집사님은 처음 교도소에 들어와 모든 것이 낯설고 두려우셨을 텐데, 맨 앞자리에서 빨강 명찰 단 형제의 울음을 기억해주시고, 그의 자매결연 요청에 응답해 주셨습니다. 그리고 집사님은 제가 서울로 오기 전까지 매달 접견해주시고, 새벽마다 눈물로 기도해 주셨습니다. 그 덕분에 제가 오늘 하나님의 은혜의 이 자리에 있게 되었습니다. 저는 그 뒤로 예수님을 영접하고 10년 가까이 살아오면서 하나님 은혜로 가는 방마다 형제들을 섬기고 화장실 청소, 설거지 등을 솔선수범하며 예수님을 전하고 있답니다.

하지만 항상 은혜충만, 성령충만하지는 못했습니다.

2004년 유○○ 사건이 나면서 잊혀졌던 제 사건이 역대 10대 사건으로 ○○파 이진철이라는 칭호 아래 재조명되어 마음이 무거워지기 시작하였습니다. 여기에 대전에서 수용자가 직원을 살해하는 사건이 발생하였습니다. 그러자 교도소에서 체계 규율을 잡는다면서 "사형수 자매결연 숫자를 줄인다", "집회를 없앤다" 하여 유○○로 무거워진 마음을 더욱 압박하였습니다. 원래 사회적인 대형 사건이 터지면 여론에 의해 사형을 집행한다 하여 사형수들끼리 가슴이 덜컹덜컹하거든요.

　예수님을 진정으로 만났다면 오늘 집행된다 해도 찬양하며, 감사하며 주님 받아 주옵소서 하고 가야 하는데 이렇게 부족했던 거죠. 그렇게 열심히 예배드리고 잘했는데 한순간 두려운 마음이 들어 '이렇게 사느니 차라리 죽자' 하는 생각이 갑자기 내 마음을 사로잡아 신경안정제 100알을 갈아서 주스에 타서 먹은 것입니다. 70알 정도만 먹어도 치사량이라 했는데 저는 건양대병원에서 3일 만에 깨어났습니다. 저는 그때 의무과에 누워서 '하나님 저 죽고 싶었는데, 왜 살려 내셨어요' 하며 불평을 하였답니다.

　자살 미수 사건 후 10일 후 곧바로 관구 계장과 부딪쳐 공무집행방해, 자해 등으로 징벌 한 달을 받아, 저는 독방에 가 단식을 하였습니다. 하지만 하나님은 1일, 2일, 3일이 지나며, 단식을 금식 기도로 바꾸어 주셔서 10일간 금식을 하였습니다. 저는 하나님을 찬양하며, 기도하고, 말씀 보며 회개의 시간을 가졌습니다. "하나님 제가 오만 방자하였습니다. 용서하십시오. 다시 한 번 잘해 보겠습니다." 그 이후 미결로 돌아가 2005년, 2006년 2년간 아픔을 잊고 열심히 전도하며 하나님을 바라보고 살았습니다.

　한데 또 한 번의 시련이 나를 기다리고 있었던 거죠. 2006년 8월 저 구속되고 남들은 다 욕해도 어머니만은 나를 사랑한다며 매달 면회 오시고 매일 편지 보내셨는데, 그 어머님이 돌아가시기 석 달 전에 폐암 말기 판정을 받아 손 한 번 쓰지 못하고 고통

속에서도 이 아들 염려하며 가셨습니다. 그 해 12월 누나도 심근 경색으로 쓰러져 두 분이 돌아가신 것입니다. 엎친 데 덮친다고 힘든 시간을 보내던 중, 신문에서 유○○, 정○○ 사형검토, 그 순간 정말 죽겠구나 하는 생각이 또 엄습했습니다.

이런 느낌이 오면 기도해야 하는데 하나님 생각이 아니라 육의 생각을 하니, 염려와 두려움 그래서 평소 친하게 지내던 동료 사형수들에게 나 외에 3명, "우리 죽더라도 나가서 죽읍시다" 하며 도주 모의 아닌 모의를 하였습니다. 청소하던 조장(책임자), 평소 친했던 만기 한 달 남은 아이에게 나가면 쇠톱 넣어달라고 했던 거죠. 그 아이도 당시 "예! 나가면 무조건 해 줄게요"라고 대답하였습니다. 얼마 후 그 아이가 교도소 내에서 담배 장사를 하다 발각되자 "사실 내가 나가면 진철 형님 쇠톱 넣어주기로 했다. 그럼 4명이 탈출하기로 했다"라고 고백을 했던 것입니다. 그러자 교도소가 발칵 뒤집혔습니다. 그 덕분에 저는 45일간 징벌을 먹고, 사슬에 꽁꽁 묶여 개밥을 먹으며, 또다시 기도원(독방)을 가게 되었습니다. 이 사건이 2007년 2월입니다. 벌써 2년 6개월이 흘렀습니다.

이 죄인 10년을 살면서 3번이나 자살을 기도하고, 두 번의 탈옥 계획을 했습니다. 이렇게 살면서도 저는 하나님이 저를 버리시는 게 아니라, 히브리서 12:6-8 말씀처럼 '하나님이 사랑하는 자는 징계, 채찍질한다는 말씀, 지옥 구렁텅이로 밀어 넣고 모르는 체하는 것이 아니라 힘든 고통을 주어서라도 하나님 품으로 돌아오게 하신다'는 사실을 붙들었습니다.

어느 분이 제게 "진철아 네가 이런 일 한 번씩 낼 때마다 하나님 영광 가리는 것 아니냐? 정말 너의 신앙을 점검해보렴" 하고 말씀해주셨습니다. 그래서 저는 하나님께 "자신하는 것도 오만이고 교만인지 잘 압니다. 하지만 이제 정말 하나님 영광 가리지 않고 이젠 정말 주를 위해 살기 원합니다. 내 힘으론 할 수 없지만 하나님 능력이면 은혜면, 능치 못할 일이 없다 했으니 하나님 저를 도와주십시오. 제가 평생을 감옥 안에서 산다 하여도 이제 복음 증거 하다 가겠습니다. 또한 제가 다 늙어서 혹시 자유를 주신다면 소년원 교도소 제2, 제3의 저와 같은 ○○파와 같은 사람이 나오지 않게끔 하나님 복음 전하겠습니다"라고 기도했습니다.

그래서 4년 전부터 신학 공부하던 두 곳에서 신학 졸업을 하고 대한예수교 장로회 남부노회와 강서노회에서 전도사 임명을 받았습니다. 대전에서 출역을 하다 느닷없이 2009년 6월 9일, 2년 전 사건으로 긴급 이송되어 오며 차 안에서 기도했습니다. 하나님 어찌해야 합니까? 오만 갈등이 하지만 2년 전 하나님과의 약속, 이제 하나님 영광을 가리지 않고 향기를 내겠다는 그 약속 지켜야 하기에 정말 힘들고 어려웠지만 하나님께 기도했습니다.

그래서 김영석 목사님을 만났습니다. 첫 만남 예배 때 욥기에 대해서 욥은 하나님 보시기에 신실한 자라 하였습니다. '온전하고, 정직하고, 하나님을 경외하며, 악에서 떠난 자'. 하나님이 목사님을 통해 제게 말씀하고 계심을 알았습니다. 나는 하나님을 믿는다 하면서도 하나님을 경외하지 않았기에 믿다 힘들면 내 맘대로 내 뜻대로 했음을. 이젠 정말 아무리 힘이 들어도 절대 내 의가 앞서지 않고 늘 하나님을 경외하고, 온전하고, 누가 보아도 정직하고, 악을 떠난 자 되어 하나님께 칭찬받는 자 되겠다고 말입니다.

고린도전서 10:12 선 줄로 생각할 때, 넘어질까 주의하라는 말씀, 마귀 사탄은 믿음 약한 사람은 안 건드린다는 사실, 그냥 두어도 넘어지니까요. 하지만 하나님이 크게 쓰는 일꾼은 기도하지 않고 말씀과 찬양으로 무장하지 않으면 핵 펀치로 한 방에 넘어뜨리기 위해 우는 사자처럼 믿음의 사람 주위를 돈다는 사실입니다.

앞으로의 내 남은 인생 저는 알 수 없습니다.

하지만 바울의 고백처럼 사나 죽으나 주를 위해 살 것입니다. 또한 김영석 목사님의 제자가 되어 말씀을 훈련받아, 앉으면 기도하고 서면 복음 전하는 주의 종이 될 것입니다. 대전에서 눈물로 기도해 주신 정은숙 집사님 또한 같은 시기에 자매결연을 맺은 서울 동산교회 자매님들, 늘 기도 감사합니다.

또한 제가 서울로 이송되어 으뜸사랑교회 김영석 목사님을 만나게 하신 하나님께 감사드립니다. 이 만남은 하나님이 저를 더 성숙하게 큰 일꾼으로 쓰시려고 허락하신 일입니다. 목사님과의 만남은 우연이 아닌 필연입니다.

글을 마치며 사람은 할 수 없을지라도 하나님에겐 능치 못할 일이 없음을 고백합니다. 또한 마귀는 틈만 있으면 파고들어 믿음의 사람들을 넘어뜨리려 한다는 사실, 하지만 로마서 8:1, "그러므로 이제 그리스도 예수 안에 있는 자에게는 결코 정죄함이 없나니"(롬 8:1) 마귀가 아무리 넘어뜨리려 해도 하나님 안에 있으면 하나님이 지켜 주신다는 사실을 기억합니다.

제 서원기도는 평생을 이곳에 산다 해도 섬기는 자, 나누는 자, 하나님 말씀 가르치고 복음을 전하는 삶을 사는 것이랍니다. 또 더 나아가 저에게 자유를 허락하시면 60살 다 되어서 나간다 해도 소년원, 교도소선교하는 것이 제 꿈입니다. 기도해 주십시오. 저 때문에 고인이 된 후배 몫까지 이 땅에서 예수님 향기 내겠습니다.

김영석 목사님! 갑자기 이 글을 쓰다 보니 정말 실수, 오물, 더러움뿐입니다. 제가 한 것은 아무것도 없습니다. 저는 도구였음을 고백합니다. 앞으로도 하나님이 도구로 써 주신다면 이 한 몸 바쳐 언제든 주님께 드리는 주의 종이 되겠습니다.

부족한 글 끝까지 읽어 주시어 감사드리며 김영석 목사님! 갇힌 자를 돌아보라는 주님 말씀대로 교정선교 하시는데 하나님이 주시는 '영권, 인권, 물권' 받아 더 많은 갇힌 자를 돌아보며 사랑을 전하는 목사님 되시길 기도드리며 글을 마칩니다.

하나님 감사합니다!

하나님 사랑합니다!

하나님 홀로 영광 받으십시오!

하나님 홀로 영광 받으십시오!

모두에게 여호와 닛시! 승리의 하나님이 함께하십니다!

또한 글로 다 적지 못했지만 너무나 많은 기도의 동역자 모든 분께 감사하며 하나님께 감사드립니다.

2009년 8월 18일
서울구치소에서
갇힌 중에 평생 기도자 이 진 철 드림

Love Is More Powerful Than Violence

4

지극히 작은 자 하나
"지극히 작은 자"
"옥에 갇힌 자를 왜 돌아봐야 하는가?"

화요 정기집회

모든 민족을 그 앞에 모으고 각각 구분하기를 목자가 양과 염소를 구분하는 것 같이 하여 양은 그 오른편에 염소는 그 왼편에 두리라 그때에 임금이 그 오른편에 있는 자들에게 이르시되 내 아버지께 복을 받을 자들이여 나아와 창세로부터 너희를 위하여 예비 된 나라를 상속 받으라 내가 주릴 때에 너희가 먹을 것을 주었고 목마를 때에 마시게 하였고 나그네 되었을 때 영접하였고 헐벗었을 때 옷을 입혔고 병들었을 때에 돌보았고 옥에 갇혔을 때에 와서 보았느니라 이에 의인들이 대답하여 이르되 주여 우리가 어느 때에 주께서 주리신 것을 보고 음식을 대접하였으며 목마르신 것을 보고 마시게 하였나이까 어느 때에 나그네 되신 것을 보고 영접하였으며 헐벗은 것을 보고 옷 입혔나이까 어느 때에 병드신 것이나 옥에 갇히신 것을 보고 가서 뵈었나이까 하리니 임금이 대답하여 이르시되 내가 진실로 너희에게 이르노니 너희가 여기 내 형제 중에 지극히 작은 자 하나에게 한 것이 곧 내게 한 것이라 하시고…이에 임금이 대답하여 이르시되 내가 진실로 너희에게 이르노니 이 지극히 작은 자 하나에게 하지 아니한 것이 곧 내게 하지 아니한 것이니라 하시리니, 그들은 영벌에 의인들은 영생에 들어가리라 하시니라(마 25:32-46).

예수님이 말씀하신 '지극히 작은 자'란 우리 중에 가장 보잘것없는 사람을 말한다. 즉 주리고, 목마르고, 병들고, 헐벗고, 옥에 갇히고, 소외된 자가 '지극히 작은 자'에 속하는 사람들이다.

일반적으로 많은 사람들은 병든 자, 헐벗은 자, 소외된 자, 주린 자들은 불쌍히 여기지만 옥에 갇힌 자들에 대해서는 마음을 열지 않는 편이다. 그러나 예수님이 말씀하신 '지극히 작은 자' 중에는 '옥에 갇힌 자'가 있다는 것을 우리는 명심해야 한다.

'옥에 갇힌 자'는 지극히 작은 자로서 우리가 돌아봐야 함이 분명하다. 그들이 지은 죄는 밉지만 죄인은 사랑하고 돌아봐야 하는 것이다. 하나님은 죄는 미워하시지만 죄인은 사랑하시기 때문이다.

> 내가 의인을 부르러 온 것이 아니요 죄인을 불러 회개시키러 왔노라(눅 5:32).

마지막 날 주님이 세상을 심판하실 때는 믿음의 정도를 보시는 것이 아니라, 지극히 작은 자를 돌보는 것과 돌보지 않은 것으로 양과 염소를 가르셔서 영생과 영벌에 들어가게 하신다고 말씀하신다.

> 너희도 함께 갇힌 것 같이 갇힌 자를 생각하고 너희도 몸을 가졌은즉 학대 받는 자를 생각하라(히 13:3).

성경은 우리에게 갇힌 자를 생각하라고 말한다.

우리가 이 세상을 사는 동안에 모든 범죄와 사건 사고는 끊이지 않고 계속될 것이다. 그러나 예수님은 죄 있는 자들을 결코 버리라고 말씀하시지 않으셨다. "일흔 번씩 일곱 번"(마 18:22)이라도 용서하라고 하셨다.

세상에서 끔찍한 사건들이 일어날 때마다 사람들은 모두 분노하고 죄지은 자들을 정죄한다. 하지만 이 세상에 그 누구도 죄인을 정죄할 만큼 죄가 없는 사람은 하나도 없다.

요한복음 8:1-11을 살펴보면 세 부류의 사람들이 등장한다.

첫째는 죄를 지은 여인, 둘째는 죄인을 정죄하는 사람들, 셋째는 죄인을 용서해주시고 살려주시는 분이다. 내용을 살펴보면 서기관들과 바리새인들이 음행 중에 잡힌 여인을 예수님께 끌고 와서 묻는다.

> 모세는 율법에 이러한 여자를 돌로 치라 명하였거니와 선생은 어떻게 말하겠나이까(요 8:5).

이때 예수님은 몸을 굽혀 땅에 쓰시고, "너희 중에 죄 없는 자가 먼저 돌로 치라"(요 8:7)고 하셨다. 이 세상 어디에도 죄 없는 사람은 없으며 죄인을 돌로 칠 만한 사람은 없다. 예수님은 간음한 여인에게 정죄하거나 노하지 않으시고 침착하게 말씀하셨다.

> 나도 너를 정죄하지 아니하노니 가서 다시는 죄를 범하지 말라 (요 8:11).

죄가 없으신 예수님도 죄지은 자를 정죄하지 않으시고 용서해 주셨는데, 죄 많은 우리가 감히 누구에게 돌을 던질 수 있으며 누구를 정죄할 수 있겠는가? 우리 예수님은 그 당시 법대로라면 마땅히 돌

세례를 받고 죽었어야 할 여인을 죽음으로부터 살려 주시고, 용서하셨으며, 다시는 죄를 범하지 말라고 권면하셨다.

우리나라에는 소년원을 빼고도 전국에 60여 개의 교정시설(교도소, 구치소)이 있고 많게는 8만여 명 적게는 5만여 명의 재소자들이 지금도 구치소나 교도소에 구속되어 있으며 엄청난 국가 예산을 들여 그들을 먹이고 입히면 보호 및 관리를 하고 있다. 그러나 지금 이 시간도 교도소 안에서는 순간의 잘못을 반성하고, 회개하며 새로운 인생으로 거듭나기 위해 애쓰는 자들이 많이 있다. 교정시설에 수용되어 있는 자들이라고 해서 모두 다 엄청난 죄인들이라고 말할 수는 없다.

그중에는 억울한 옥살이를 하고 무혐의 또는 무죄로 출소할 자들도 있기 때문이다. 사실 하나님이 보시기에는 교도소의 높은 담장 안에 있는 사람들이나 담장 밖에 있는 우리나 별로 다를 바 없을 것이다. 교도소 안에 있는 자들보다도 어찌 보면 더 큰 죄를 짓고도 들키지 않았고 운이 좋아 붙잡히지 않아서 교도소 밖에 있는 것뿐이다. 어떤 사람은 수억 원을 챙기고도 교도소 밖에서 명예와 권력을 갖고 떵떵거리며 살아가는 자들도 있고, 어떤 이는 배가 고파서 빵 하나, 밥 한 그릇을 훔쳐 먹고도 전과가 많아 구속이 되고 징역살이를 하는 사람도 있다. 세상의 누구든지 털어서 먼지 안 나는 사람은 없을 것이다. 그러므로 담 안에 수용되어 있는 사람들을 과소평가하거나 지나친 선입견을 갖고 대해서는 안 될 것이다.

수용자들 중에는 여러 부류의 사람들이 있다. 전직 대통령을 비롯해서 전직 장관, 국회의원, 고위직 공무원, 기업체 회장, 전 현직 대통령들의 자녀 및 친인척, 조직폭력배, 건강한 자, 심신미약자, 부유한 자, 가난한 자, 정신병자, 남녀노소, 석·박사에서 무학에 이르기까지 다양한 계층의 사람들이 모여 있는 곳이다. 모든 사람은 법 앞에 평등하지만, 처우에 있어서는 어떤 특정한 사람에게 특혜가 주어져서는 안 될 것이다. 단 신변보장과 원활한 수용관리를 위해 개별처우는 필요하기도 하다. 교정시설 안에 있는 수용자를 나누자면, 우선 미결(재판이 계류 중에 있는 자)과 기결(재판이 끝나서 형이 확정되어 복역 중인 자)로 나누어 처우한다.

 수용구분으로 본 구치소와 교도소의 차이는 구치소는 대부분 미결수 구금을 원칙으로 하고, 교도소는 기결수(수형자)수용을 원칙으로 하되, 구치소에도 적은 숫자이기는 하지만 필요에 따라 기결수를 두고 관용부로 일을 하게도 한다. 교도소에도 미결수가 전혀 없는 것은 아니다.

 어떤 분들은 경찰서, 구치소, 교도소를 한 번도 출입하지 않은 것을 자랑처럼 말하기도 한다. 그러나 그것을 자랑으로만 그치지 말고 수용자 신분이 아닌 신분으로 어려운 처지에 있는 자들을 돌아보고 위로하고 힘과 용기를 주며, 교정교화 및 선교를 목적으로 드나드는 것은 매우 바람직한 일이 아닌가 싶다. 또 어쩌면 교정선교는 다른 사람의 아픔과 고난을 보면서, 자신의 인생을 살필 수 있는 타산지석의 좋은 산 교육장이 되기도 하다. 건강한 사람이 자신의 건강을 보장할 수 없고, 자동차 운전을 하는 사람이 무사고를 보장할 수 없듯이, 우리에게도 원하지 않고 예견치 못한 사건과 사고, 질병은 언제나 도사리고 있다. 우리는 세상을 평안하고 행복하게 살려고 원하지만 세상은 우릴 그냥 두질 않는 것처럼 말이다.

인생을 살면서 관계 실패, 사업 실패, 감정 폭발, 운전 부주의 등 원치 않는 사건과 사고로 경찰서, 구치소, 교도소를 신세 질 확률은 누구에게나 있을 수 있다. 어떻게 보면 교정시설은 필요악이라고 말할 수 있다. 세상의 죄가 없고, 사건·사고가 없고, 경찰서, 구치소, 교도소가 텅텅 비어 백기를 꽂을 수 있는 그날이 온다면 얼마나 좋겠는가! 그것은 우리 모두의 바람일 것이다. 그러나 죄악의 속성을 가진 불안전한 인간이 이 땅에 존재하는 한 죄악은 끊어질 수 없을 것이다.

이를테면 부녀자들만 수십 명을 유괴, 토막 살인하고 시체를 유기하고 매장한 흉악한 살인자로 세상을 떠들썩하게 했던 그는 지금도 죄를 뉘우치고 반성하기는커녕 오히려 자신을 보호 관리하는 교도관들에게 포악하게 욕지거리를 하고 주먹을 휘두른다. 그러기에 혹자는 교도소가 범죄의 온상이요, 범죄의 연수원이라고 말하기도 하지만, 모두가 그런 것만은 아니다. 교도소에 와서 새로운 인생을 발견하고, 바른 인생을 살아가는 사람들의 미담 사례도 많다. 사실 사회에서 바쁘고 분주한 일상에서 깨닫지 못하고 되돌아보지 못한 자신의 인생을 교도소에 와서 뒤늦게나마 발견하고 인생을 재정립하는 사람들이 있기에 지금까지 교정선교의 보람도 느끼며 지금까지 긍정적인 맘을 갖고 이 사명을 하고 있는 것 같다.

그래서 나는 교도소는 '범죄의 온상'이 아니라 '인생재생공장'이라고도 불러 보고 싶다. 교정시설(구치소, 교도소)에는 많은 교화 프로그램들이 있지만, 교정위원(종교위원)의 한 사람으로서 종교교육 및 종교행사의 중요성을 강조하지 않을 수 없다.

새로운 인생을 찾고, 안정된 생활로 재범을 하지 않고 굳건하게 사회 일각에서 제 몫을 하며 살아가는 자들은 바른 신앙을 가진 자들이기 때문이다. 그러므로 어떤 프로그램보다 신앙교육이나 종교교육 프로그램은 늘려 가야 한다고 생각한다. 그곳이야말로 복음이 절실히 필요한 곳이기 때문이다.

옥중서신 4

저는 2003년 6월 13일에 처음 구속되어 2004년 6월 말 사형이 확정된 김정우입니다. 저는 1981년 4월 23일에 사랑이 많으신 부모님과 착한 형이 있는 가정에서 태어났습니다. 큰 부자는 아니어도 부족함 없는 가정에서 큰 사랑을 받고 자랐습니다. 특히 어머니는 자식들에게 열과 성을 다해 사랑으로 키웠습니다. 어느 어머니에게 뒤지지 않는 사랑으로 키우셨습니다.

그런 가정에서 큰 말썽 없이 중, 고등학교를 마쳤습니다. 공부도 곧잘 하는 편이었고 당시 전국에서 1~2위권의 부천고등학교를 좋은 성적으로 졸업하였습니다. 대학에 갈 때는 공대와 의대를 원하는 부모님과 영화를 하고 싶어 하는 저와 마찰이 생겼습니다. 수능까지 자연계로 보았지만 결국 연극영화과를 몰래 지원하고 부모님을 설득했습니다. 제 인생에서 처음 부모님 의견이 아닌 제 의견으로 결정한 것이었습니다.

그런 대학생활이 순탄치는 않았습니다. 돈을 낭비하며 쉽게 썼고 계획적이기보다는 즉흥적이고 충동적인 삶을 살아 점점 빚이 늘어나고 군 문제까지 겹쳐 하루하루 고민이 많아졌습니다. 그러던 중 낮부터 술을 먹고 집에 들어가 생전 처음 어머님과 싸웠습니다. 어머니를 너무나 사랑했었고 힘들게 하는 게 싫어서 한 번도 큰 소리 낸 적이 없었는데 그날 전 천하의 패륜아가 되어 어머니

Love Is More Powerful Than Violence

와 할머니를 돌아가시게 하였습니다. 형 또한 다쳤습니다.

그날 경찰을 피해 도망가 자살을 시도하였으나 실패하였고 자살에 대한 자신감이 없어 자살사이트를 돌며 자살을 준비하던 중 PC방에서 검거되었습니다. 처음 수감되어 눈을 감고 잘 때마다 다시는 눈이 떠지지 않기를 빌고 또 빌었습니다. 저도 제 자신이 용서되지 않았고 너무 미웠습니다. 저는 사람들과 멀어져 소극적으로 변하기 시작했습니다. 그때 저의 심정은 이루 말할 수 없을 정도로 죽고만 싶었습니다.

그렇게 시간이 흘러 갔지만 저의 상황은 갈수록 더 안 좋아졌습니다. 저는 1, 2심에서 다 사형을 선고받았습니다. 그러다 상고를 위해 서울구치소로 이감되었습니다. 그러던 중 저희 형제님 한 분을 만났습니다. 제가 생각한 사형수의 삶이 아닌 기쁨이 넘치는 삶을 사시는 그분 모습에 저도 모르게 끌렸습니다. 그분의 모습과 말씀에 전도되었습니다.

저는 사회에 있을 때 과학과 논리를 좋아하는 불신앙인이었습니다. 신앙은 악한 사람들이나 믿는 것이라 여기고 제 자신을 믿는다는 엄청난 교만에 휩싸여 있는 사람이었습니다. 그런 제가 한 형제님의 모습과 너무나 힘겨운 상태에서 의지하고픈 마음에 신앙의 길로 접어든 것입니다. 그래도 사실 처음 신앙의 길로 들어설 때 신앙심이 깊어질 거란 생각은 하지 않았습니다. 그저 조금의 위로와 도움을 받고 싶다고 생각했을 뿐 의심 많은 제 성격상 마음속 깊이 믿을 거라고는 생각지 않았습니다. 그런 저에게 하나님은 저를 사랑하셔서 큰 사랑을 베풀어 주셨습니다. 그리고 매순간 하나님은 하나님의 살아계심과 저를 사랑하심을 체험케 하셔서 약한 믿음을 강건케 하여 주셨습니다.

작년 7월 유○○ 사건이 터졌습니다. 사형제도 폐지에 대한 목소리가 커질 때 생긴 일이라 머릿속이 복잡했습니다. 말로는 하나님의 뜻에 맡긴다고 하고 사실은 그러지 못했나 봅니다. 나름대로 몇 년 살면 나가지 않을까 계산도 하고 어떻게 하면 빨리 나갈 수 있을까 생각했던 것도 사실입니다. 그런데 유○○ 사건으로 '사형집행이다, 사형제존속이다, 절대적 종신제다'라는 말이 나왔습니다. 그때도 무엇이 나에게 유리할까를 생각하던 부족한 사람이었습니다.

그러던 어느 날 우연히 한 형제님의 글을 하나님이 보여 주셨습니다. "하나님이 죽으라면 죽고 영원히 이곳에서 살라시면 살겠습니다." 그 글을 보는 순간 제 자신이 얼마나 부끄러웠는지 모릅니다.

그 후 저는 하나님께 맡기고 제 생각으로는 할 수 없는 것은 버리기로 하였습니다. 하나님이 인도해 주시는 대로 살고자 합니다. 내일이라도 죽으라시면 죽고 징역에서 영원히 살라시면 살고 내보내 주시면 사회로 돌아가 하나님 사역을 하면 되는 것이니까요. 하나님이 뜻하시는 대로 사는 것이 제 소망입니다. 제 소망은 하나님의 나라이니까요.

　제가 아는 하나님은 공의로우시고 합당하시며, 사랑이 많으신 분이십니다. 그분이 제가 이곳에서 평생 있어야 한다고 하면 이곳에서 제가 할 일이 있어서 그런 것이고 죽이신다면 그것에 큰 뜻이 있으신 것이고, 제가 나가서 충실히 하나님 사역을 할 정도의 역량이 되고 제가 사회에 필요하시면 언제라도 사회로 이끌어 주실 분이시기에 전 하나님의 뜻대로 살 것입니다. 저를 하나님이 조금씩 이끌어 주십니다. 부족하지만 성장시켜 주십니다.

　올 초 제가 징벌방에 간 일이 있습니다. 나름대로 억울하여 기도할 때 "하나님 저 삐쳤습니다. 왜 제게 이러십니까? 다 아시는 분이지 않습니까?"라고 기도한 적이 있습니다.

　전 수시로 기도하는 편으로 기도할 것이 생각나거나, 물어볼 것이나, 제 감정 같은 것도 편하게 기도로 나누는데 그때 그런 기도를 했습니다. 그러나 징벌방에서 나온 뒤 얼마나 감사의 기도를 드렸는지 모릅니다. 그 징벌방에 있는 동안 제가 버린다 했지만 못 버린 것이 있었는데 그것을 깨닫게 하셨고 버리게 하셨습니다. 제가 얼마나 교만한지를 깊이 알게 하셨습니다. 그 고난이 얼마나 감사한지 모릅니다.

　앞으로도 교만에 빠지거나 버렸다고 생각한 것을 버리지 못한 것이 있다거나 제가 부족할 때 하나님은 저를 다시 고난에 빠뜨리게 하실 것입니다. 지금 너무나 부족하기에 그 고난을 맞이

하는 것을 준비하고자 합니다. 말씀으로 무장하고 말로만이 아닌 진실로 변하고 싶기 때문입니다.

사람의 눈을 속일 수는 있지만 하나님의 눈은 속일 수 없기에 그분을 바라보고 더 정직하고 투명하게 살 것입니다. 또다시 고난이 와 또 "저 삐쳤습니다!"라는 기도를 할지 몰라도 나중엔 분명히 "감사합니다!"로 바뀔 것을 믿습니다. 제가 아는 하나님은 그런 분이니까요.

요즘 저는 방안에서 매일 예배를 드립니다. 방 식구가 변할 때마다 전도하고 하나님 말씀을 전합니다. 지금 제게 주신 하나님 일은 그것이니까요. 그래서 최선을 다하려고 합니다. 복음을 바로 알아야 바로 전할 수 있기에 더 심도 있게 공부하고 책도 많이 읽고 있습니다.

성경 속에 답이 있다고 말씀을 들었으니 성경 속에서 하나님의 뜻과 답을 찾아 알기 위해 성경을 더 많이 읽어야겠다는 결심과 꿈도 세웠습니다. 이곳에서 남은 시간이 얼마나 있을지 몰라도 나름대로 계획을 세우고 있습니다. 서두르지 않고 천천히 말입니다. 하나님이 인도해 주실 것을 믿습니다. 하나님은 제가 필요하신 대로 절 이끌어 주실 것이니까요. 최선이란 단어에 들어있는 책임감은 대단한 것이지만, 저는 진실로 최선을 다할 것입니다. 감사합니다. 목사님! 늘 주님의 평안이 함께하시길 기도합니다.

누가 우리를 그리스도의 사랑에서 끊으리요 환난이나 곤고나 박해나 기근이나 적신이나 위험이나 칼이랴 기록된 바 우리가 종일 주를 위하여 죽임을 당하게 되며 도살 당할 양 같이 여김을 받았나이다 함과 같으니라 그러나 이 모든 일에 우리를 사랑하시는 이로 말미암아 우리가 넉넉히 이기느니라 내가 확신하노니 사망이나 생명이나 천사들이나 권세자들이나 현재 일이나 장래 일이나 능력이나 높음이나 깊음이나 다른 어떤 피조물이라도 우리를 우리 주 그리스도 예수 안에 있는 하나님의 사랑에서 끊을 수 없으리라(롬 8:35-39).

서울구치소에서
간증인 김 정 우

5

교정선교는 벼랑 끝 선교다
"긴장을 늦추지 말고 지혜롭게 하라"

　교정시설(구치소, 교도소) 교정선교의 현장은 사회로부터 격리 구금되어 있는 사람들이 있는 곳이며 아무나 찾아가서 복음을 전할 수 없는 폐쇄된 사회이다. 그러기에 누구나 교정선교를 하고 싶다고 할 수 있는 처지도 아니다. 하지만 그곳은 영혼 구원이 가장 급박한 곳이고 복음이 가장 필요한 곳이다.

　그 안에는 벼랑 끝에 서 있는 위태로운 사람들이 많다. 시한부 인생을 사는 최고수(사형수)들을 비롯한 중·장기수, 억울하고 상처가 많아 찢긴 심령, 마음이 가난한 사람들이 많은 곳이 교정시설이다. 출소한 이후에도 죄악의 늪에서 빠져나오지 못하고 다시 재범을 하고, 누범자로 누군가의 도움을 청하며 몸부림을 쳐 보지만 세상은 언제나 냉정하다. 날마다 SOS 긴급구조 요청을 해보지만 손을 내밀어

주는 자의 수는 제한적이어서 그것 또한 역부족인 곳이다.

세상의 모든 일은 상대적이다. 기쁨과 슬픔, 성공과 실패, 큰 것과 작은 것, 평안과 불안, 부한 자와 가난한 자, 희망과 절망 등. 극과 극의 첨예한 대립 속에 우리는 살고 있으며, 세상의 모든 일이 균형 속에 아름다운 조화를 이루어 간다면, 소외되고 고통받는 자가 줄어들고, 빈부의 격차도 줄고, 협력도 쉬워지고, 능률적이고, 원망과 저주보다는 칭찬과 감사와 격려로 좀 더 살기 좋은 사회를 기대해 볼 수도 있으련만….

원망과 불평은 언제나 열심히 협력하지 않는 자들에게서 나오기 마련이다. 소외된 자들로 하여금 비난과 저주가 쏟아지고, 결국 낙심하고 포기하는 자들이 속출하게 된다. 교정시설에 수용되어 있는 사람들은 누군가로부터 고소를 당하고, 가해자와 피해자라는 사이가 적대관계를 피할 수 없게 만들며 직간접적으로 피해자와 가해자로 서로가 상처가 있기 마련이다.

수용자는 가해자이기도 하지만 상대로 하여금 피해 보상차원의 대가를 치르고 있는 상황이기에 마음 또한 편할 수 없고, 때때로 분이 나고 상대에 대해 보복심도 있을 수 있다. 그런 사람들을 대하는 교정선교 사역자는 범사에 살얼음판을 걷는 것처럼, 유리그릇을 만지는 것처럼, 언제나 언어와 행동을 조심해야 한다. 상처가 있는 사람은 예뻐서 쓰다듬어 주는 것도 아파하고 고통을 느끼기 때문이다.

어떤 최고수(사형수) 형제에게 개인 자매인 권사님께서 "네가 날마다 죽어야 한다"고 하셨더니 오해를 하고 "신앙생활을 포기하겠다"는 형제도 있었다. 권사님께서는 "네 자아가 날마다 죽어야 네 안에 예수가 산다"는 말씀이었는데 형제는 오해를 한 것이다.

    교정선교를 하는 사람은 벼랑 끝 선교사로 자기 자신도 벼랑으로 떨어지지 않도록 잘 살펴야겠지만, 내가 맡은 수용자가 벼랑으로 추락하지 않도록 잘 보살펴야 한다. 누구보다 그들을 잘 알고, 이해하며 사랑으로 다가가지 않으면 안 될 것이다. 그들이 범한 죄는 밉지만, 사람을 미워해서는 안 된다.

    오래전 교도관 시절이다. 약간 정신적으로 혼미한 형제가 있었다. 아침 일찍 기도 부탁을 받고 감방에 찾아가 그의 발을 붙잡고 엎드려 기도를 시작했다. 기도 중 그는 갑자기 나를 밀치고 발길로 내 얼굴을 걷어찼다. 별이 번쩍하고 눈알이 빠지는 것 같은 고통이었다. 새까맣게 부어오른 눈언저리의 상처는 3개월이 지나서야 없어졌.

    이런 일을 당하면 누구에게 하소연을 하며 누구를 원망할 수 있겠는가? 항상 긴장하고 지혜로워야 한다. 우리 예수님도 말씀하셨듯이 "뱀 같은 지혜"(마 10:16)를 날마다 구해야 할 것이다. 지혜는 지식과 달리 세상의 학문과 연구, 노력으로 얻어지는 것이 아니고, 하나님이 주시는 것이기에 솔로몬처럼 지혜를 구하는 자에게 주신다. 지혜는 갑작스럽게 어떤 일이 생겼을 때 그 일을 임기응변으로 해결하고 또는 잘 처리하는 능력을 말한다. 지식보다 지혜는 우리가 인생을 살아가는 데 훨씬 유익한 것이기도 하다.

    지혜에 대한 예화가 하나 생각나서 소개하려고 한다. 부추 부침개로 유명한 집이 있었는데 어느 날 장사가 너무 잘 되어 준비한 재료,

부추가 떨어졌다. 주인은 손님들을 그냥 보낼 수 없어서 "잠깐만 기다려 주세요"라 하고, 가게 뒤뜰에 나가 부추와 비슷한 풀을 베어다가 잘 씻어서 넣고 부추전을 부쳐 주었다. 다른 사람들은 여느 때와 다름없이 맛있게 먹는데, 한 학생이 불만스러운 목소리로 물었다.

"사장님! 부추전에 웬 클로버 잎이 들어 있어요?"

사장은 자신의 실수로 클로버 잎이 부추와 함께 들어간 것을 직시하고, 사장은 조금도 당황하지 않고 말했다.

"행운의 클로버 드디어 당첨! 한 장 더 줘라."

이와 같이 지혜는 자신에게 닥친 곤경을 슬기롭게 피하고, 상대방에게도 오히려 기쁨을 주고, 화를 복으로 전환하는 능력이다. 이것이 바로 지혜이다.

또한 사역자는 종교적으로도 항상 긴장하지 않고 지혜롭지 못하면 맡겨준 양도 잃게 된다. 그들은 언제든지 상황과 형편에 따라 하나님을 버리고 타종교로 개종을 할 수도 있다는 것을 알아야 한다. 이미 오래전에 형장의 이슬로 사라진 형제이긴 하지만, 지금도 그 형제의 마지막을 생각하면 맘이 아프고 참 안타까운 일이 아닐 수 없다. 총집교회도 개인교회도 잘 참석하는 최고수 형제였고, 믿음도 제법 있어 보였다. 어느 날 개인교회(사형수 1:1성경공부 및 예배 드리는 시간)로 만나러 갔는데, 더 이상 개인교회를 안 나온다는 것이다. 직원(교도관)의 말에 의하면 저쪽(타종교)은 영치금도 많이 넣어주고 구명운동도 해주고 해서 그쪽을 택했다는 것이다. 머리까지 삭발을 하고 다른 종교행위를 방안에서 하고 있다는 것이다. 그 며칠 후 그는 내가 지켜보는 가운데, 사형장에서 안타까운 모습으로 임종을 맞았다. 팥죽 한 그릇에 자신의 영혼을 팔아먹는 것과 같이 보여 더욱 안타까웠다.

그리고 교정선교를 하는 여성 사역자는 남성 사역자보다 주의해야 사항들이 많다. 우리가 만나는 상대는 대부분 남자 수용자들이고 그들은 오랫동안 이성을 가까이서 대하지 못한 자들이기 때문이다. 선교를 하러 입소한 사역자가 수용자에게 오히려 선정적인 효과를 유발하여 이성을 사모하게 하며 마음을 혼란스럽게 해서는 안 될 것이다. 여성 사역자는 적어도 수용자를 만나는 날은 노출이 심하지 않은 단정한 복장을 하고 지나친 화장은 삼가야 할 것이다. 이것은 서로를 위한 교정선교 사역자의 매너이기도 하다.

십여 년 전에 한 자매님이 최고수 형제를 만나는 날 오후에 모임이 있어서 오전 예배에 불가피하게 치마를 입고 온 적이 있었는데 본인도 많이 불편해 하였고 예배시간에 자매가 같은 테이블에 앉아서 기도를 하는 시간인데 최고수 형제가 기도시간에 자꾸 성경을 떨어뜨리고 소지품을 떨어드리는 것이 느껴져서 기도 중에 눈을 뜨고 보았더니, 이 형제는 떨어진 물건을 줍는 척하면서 테이블 밑으로 머리를 넣고, 자매의 노출된 무릎 부분을 관찰하는 것을 목격하게 되었다.

수용자가 민망해 할까 봐 직접적인 표현은 안 했지만, 이것은 위험천만한 일이라고 생각된다. 사고는 계획적이 아니고 우발적인 경우도 많기 때문이다. 상담자는 언제나 수용자의 인정에 이끌려서 관규를 어기는 일을 해서는 안 되며 무슨 일이든지 종교담당 입회 하에서 이뤄져야 하고 담당 직원을 통하지 않고는 어떤 물건도 주고받아서는 안 된다. 만일 이것을 어긴다면 하는 일들이 수용자를 돕는 것이 아니라, 서로가 같이 죽는 일이 되기 때문이다. 그리고 수용자의 신앙수준을 감안하여 프로그램을 준비하고 주어진 시간 안에 마무리를 할 수 있도록 준비해 가야 할 것이다.

그가 행한 죄는 밉지만 그 영혼을 사랑하는 맘으로 매일 그 영혼을 위해 기도를 쉬지 말아야 한다. 또한 예습과 복습을 하게 하고 감방 안에서도 늘 말씀과 함께 있도록 숙제도 내주고 말씀과 가까이하도록 동기부여를 해야 할 것이다. 그리고 상담을 할 때는 언제나 일당백으로 생각하며 항상 긴장을 늦춰서는 안 될 것이다. 그리고 상담자는 수용자를 만날 때마다 그날그날 있었던 일들을 일기처럼 메모를 해 두면 나중에 좋은 자료가 될 것이다.

3부

하나님 나라

1. "내 눈을 드리겠습니다"
2. 나 같은 죄인도 용서받을 수 있나요?
3. 내 주 예수 모신 곳은 그 어디나 하늘나라
4. 사랑의 힘은 의지를 이긴다
5. 어느 사형수의 타종교로의 개종

1

"내 눈을 드리겠습니다"

내가 그리스도와 함께 십자가에 못 박혔나니 그런즉 이제는 내가 사는 것이 아니요 오직 내 안에 그리스도께서 사시는 것이라 이제 내가 육체 가운데 사는 것은 나를 사랑하사 나를 위하여 자기 자신을 버리신 하나님의 아들을 믿는 믿음 안에서 사는 것이라 (갈 2:20).

예수님을 제대로 만나고 거듭난 사람은 여러 특징이 있는데, 그중 하나가 바로 '자기 부인'이다. 그리스도인은 더 이상 자기의 삶을 자기를 위해 살지 않는다. 그들은 오직 자신을 위해 죽으시고 부활하신 예수 그리스도만을 위해서 산다. 왜 그런가? 그것은 바로 예수 그리스도께서 우리를 위하여 죽으시고 부활하신 이유이기 때문이다.

> 그가 모든 사람을 대신하여 죽으심은 살아 있는 자들로 하여금 다시는 그들 자신을 위하여 살지 않고 오직 그들을 대신하여 죽었다가 다시 살아나신 이를 위하여 살게 하려 함이라(고후 5:15).

그리스도인에게 자신의 유익을 위한 삶이란 허락되지 않는다. 교도소 안에서도 마찬가지다. 예수님을 영접하고 거듭난 형제, 자매들은 더 이상 자신을 위한 삶을 살지 않으려고 한다. 그들은 교도소 안에서도 신학공부(통신신학)를 하고 전도자의 삶을 살아가고 있다. 사형수들은 신학공부를 해도 밖에 나와 사역을 하지 못하지만 그래도 교도소 안에서 얼마나 많은 영혼을 하나님께 돌아오게 하는지 목사인 내가 정말 도전을 받을 정도다. 어떤 사형수는 6개월 동안 70명에 달하는 사람을 전도하며 그들의 이름과 나이를 작은 종이에 써서 그들을 위해 날마다 기도한다.

교도소 밖 세상에서도 이런 사역자를 만나는 것은 쉬운 일이 아니다. 게다가 출소를 기다리는 사람들 가운데서도 신학공부를 마치고 사역할 준비를 하고 있는 사람이 많이 있다. 그들은 이전엔 세상에서 정말 인정받고 전문적인 능력을 가진 사람들이었지만, 지금은 자신의 모든 것을 다 해로 여기고 오직 예수 그리스도를 위해 살아가려고 헌신했다.

언젠가 오래전 일인데 기억에 남는 일이어서 소개하려고 한다. 수백 명의 수용자와 최고수(사형수) 두 사람이 함께 참석하여 찬양예배를 드리는 중이었는데 찬양을 하는 부부 집사님 중 남편 집사님이 앞을 보지 못하는 시각장애인이었다. 남편 집사님이 찬양을 하시면서 말씀하셨다.

"나는 정말 예쁜 내 아내의 얼굴을 만져는 봤지만 내 눈으로 본 적이 없고, 정말 귀여운 내 딸아이의 얼굴을 만져는 봤지만 본 적이 없습니다. 그래서 내게 소원이 있다면 죽기 전에 단 3시간 만이라도 아니 욕심을 부리면 3일 만이라도 보게 하셔서 하나님이 만드신 자연과 하늘, 아름다운 꽃과 세상 그리고 내 사랑하는 가족들의 얼굴, 내 아내와 딸아이의 얼굴을 보는 것이 소원입니다."

그러자 한 사형수가 벌떡 일어나 말했다.

"내가 죽으면 내 눈을 드리겠습니다."

그날 예배에 참석한 모든 자들이 눈물을 흘리며 정말 감격스러운 예배를 드렸었다. "죄가 많은 곳에 은혜가 더한다"(롬 5:20)는 말씀처럼 최고수들의 간증 및 찬양 등 구치소나 교도소에서 드리는 예배는 어떤 예배보다도 눈물 속에 깊은 회개가 있고 은혜가 충만한 예배이다. 사형수이지만 죄를 짓고 들어간 사람들이지만 하나님은 그들을 변화시키셨고, 그들은 더 이상 자기 삶과 자기 육신이 자신의 것이 아닌 예수 그리스도의 것임을 고백한다.

외부인들은 안에 있는 수용자들의 이런 믿음을 보며 도전을 받고, 수용자들은 말씀과 찬양을 통해 은혜를 받곤 한다. 나 역시 사역을 하다 보면 많이 지칠 때가 있지만 그곳에 가서 성경공부를 한다든지 설교를 하고 나오면 내가 오히려 도전을 받고, 힘과 용기와 은혜를 받고 나올 때가 많다.

옥중서신 5

　간증은 내 자랑이 아니라 예수님 자랑이라는 생각에 힘을 얻어 못난 저의 오욕으로 점철된 지나온 길을 되돌아보고 저의 감추고 싶고 생각조차 하기 싫은 치부를 드러내는 것과 이곳에서 예수님을 만나 하나님의 자녀 되어 다시 찾은 새로운 인생을 전함으로 모든 삶들에 하나님의 역사가 함께하시기를 바랍니다.

　저는 경북 의성에서 출생하여 충북 충주시에서 과수원을 하는 농부의 가정에서 2남 1녀의 장남으로 성장하였습니다. 처음으로 교회와 인연이 있었던 것은 초등학교 4학년 여름방학 때 옆집에 사시는 충주 서부교회 장로님의 권유로 여름성경학교를 다니게 되면서 부터였습니다. 그 당시에는 하나님을 알고 교회에 다녔다기보다는 많은 친구들과 어울려 사귈 수 있는 환경이 좋았습니다.

　그런데 종교에 대해서는 부정적인 사고로 종교를 배척하시는 아버지께서 제가 교회에 나가는 것을 못 마땅히 여겨 못 다니게 하셨습니다. 교회 친구들이 그리워 몰래 가다가 들키는 날에는 모진 매를 맞았습니다. 그때의 영향으로 교회도, 예수님도 싫어하는 존재가 되었습니다. 어렸을 때 가정의 불화로 인해 가출하여 퇴학을 당하였습니다. 그러나 배우려는 강한 욕구가 있어 독학을 하여 1983년 4월에는 고입, 1984년 8월에는 대입 검정고시에 합격을 하였습니다. 공부를 잘하는 편이라 집안의 기대는 컸으나 더

Love Is More Powerful Than Violence

이상 공부를 하지 않았습니다.

그리고 1985년에는 부모님의 반대에도 무릅쓰고 아버지와 친지들에게 거짓말을 하여 오백만 원을 만들어 룸 카페, 스탠드 바, 만화휴게실까지 하게 되었습니다. 그렇게 가게를 확장하기까지는 못된 짓을 이루 말할 수 없이 하였습니다. 그러던 중 1989년에 저희 집이 서울로 이사를 와서 저도 모든 것을 정리하고 올라오게 되었습니다. 아버지가 다른 여자를 사귐으로 해서 집안은 조용할 날이 없었습니다. 저는 저대로 새로운 사업을 하려고 돌아다니다가 교통사고로 척추를 다치게 되었습니다. 오랫동안 물리치료를 하였지만 효과가 없어 서초구에 있는 베데스다기도원 원장님이신 고모님의 기도로 기적적으로 고침을 받아 건강을 되찾게 되었습니다. 그래서 몇 주간은 고모님을 따라 교회에 다녔지만 차츰 흥미를 잃게 되어 하나님을 부인하고 교회에도 출석을 하지 않게 되었습니다.

그러다가 고모님의 끈질긴 설득이 싫어서 토요일만 되면 낚시가방을 챙겨 들고 낚시터로 가서 밤을 새우고 일요일 하루 종일 집에 들어가지 않았습니다. 그러니까 고모님이 평일에도 오셔서 설득하셨지만 뿌리치고 반항하였습니다. 또 막내 여동생이 지금도 신학대학 4학년에 재학 중인데, 고등학교 다닐 때 교회에 못가도록 성경책을 불에 태워 버리기도 하는 큰 죄를 저질렀습니다. 또 저희 집 지하에 서울 평강교회가 세 들어 있었는데 목사님과 여러 성도들이 저를 전도하려고 많은 노력을 하였지만 외면하였고, 도리어 계약이 끝나면 비워 달라고까지 하였습니다.

운명의 1992년 10월 부모님의 큰 부부싸움이 있었고 싸움 끝에 아버지가 드라이버로 어머니의 관자놀이를 찍어 실신케 하는 사건이 발생하였습니다. 저는 악감정이 폭발하여 술을 마시고 이성을 잃고 마귀의 종이 되어 저의 사냥총으로 아버지를 쏘게 되는 정말 돌이킬 수 없는 크나큰 죄를 짓고 말았습니다. 너무나 끔찍한 죄를 지었습니다. 용서받을 수 없는 패륜 범죄를 하여 떠올리기 괴롭기 그지없습니다. 이 사건에 연루된 동생들 3명과 함께 구속되고 신문과 뉴스에 대서특필 되었습니다. 이제 모든 것이 끝났다고 생각되어 혹시 꿈이 아닐까 하며 많은 후회를 해 보았지만 소용이 없었습니다.

1992년 11월 서울구치소로 이송을 오게 되었고 살인수라 수갑을 차고 본격적인 구치소 수용생활이 시작되었지만 저에게는 아무 희망이 없었고 남은 거라고는 절망과 악한 마음만 남아 다른 수용자들을 괴롭히며 생활하였습니다. 그러다가 교무과 교회사님의 상담을 통해서 기독교에 귀의하여 1992년 12월 목사님으로부터 세례를 받고 매주 자매교회인 조부덕, 조산구 집사님과 예배를 드리며 교회를 나오게 되었습니다.

일주일에 한 번씩 교무과에 나오면서 자매님들이 영치금도 넣어주고 시간도 보낼 수 있어 왔다 갔다 하였지만, 큰 믿음은 없었고 마음에 와 닿는 것도 없고 성경을 보니 어려운 말이 많아 제대로 읽지도 않고 의미 없는 시간은 그렇게 흘러 1993년 7월에 대법원의 최종 사형선고를 받게 되었습니다. 끔찍한 사형수가 되어 한탄하며 화장실에서 남몰래 후회의 눈물도 많이 흘렸지만 자살이라는 극단적인 생각도 하였습니다. 하지만 차츰 교무과 교회에 나가는 횟수가 늘어나다 보니 마음도 평정이 되어갔고 하나님께 처음으로 저의 진심 어린 기도를 했습니다.

"하나님 제가 사형을 받았는데 무기로 감형을 좀 시켜주세요. 그렇지 않으면 사형법이 폐지되어 감옥에서나 열심히 하나님을 믿고 감옥에서 열심히 전도하겠습니다. 아멘"

이기적인 기도는 열납되지 않는 기도였습니다. 1994년 4월 관규를 위반하여 징벌방인 독방을 가게 되었는데, 징벌방에서 생활한 지 일주일 되던 날인 1994년 3월 24일 밤에 꿈을 꾸었는데 그 꿈이 저의 인생관과 신앙관을 완전히 뒤엎는 계기가 되었습니다.

영화에서나 보던 예수님이 하얀 옷에 붉은 망토를 걸치신 광채 나는 모습으로 저에게 오셨습니다. 하지만 저에게 아무 말씀도 않으시고 오른손으로 저의 왼손목을 잡으시고 이끌어 가시는데 간 곳이 큰 교회당이었습니다. 그곳에서 많은 사람들이 찬송을 부르고 있고 연단에는 목사님과 장로님들이 앉아 계셨는데 마치 예수님과 저를 환영하는 것 같았습니다. 성도들과 연단 사이를 통과하여 철문을 열고 들어갔습니다. 그런데 그곳은 사형장이었습니다. 무척 놀랐고 떨고 있는데 예수님이 저를 대신하여 형장의 이슬로 돌아가셨습니다.

예수님이 돌아가시는 모습을 본 저는 말로만 들었던 복음, 곧 예수님이 내 영혼을 구원하시기 위하여 돌아가셨다는 것을 깨닫고 무릎을 꿇고 큰소리로 "주여!"를 외치면서 울다가 잠에서 깨어났습니다. 정말 생생한 꿈이었습니다. 너무나 감동하여 펑펑 울고 있으니 야간 근무를 하시던 교도관님이 놀라 달려오셨습니다.

인간은 육이 아니고 영이 죄 사함 받아야 한다는 것을 알고 예수님의 피로 그 큰 죄를 사함 받았구나 생각하며 기상 나팔소리가 날 때까지 두 시간 정도를 울었습니다. 지금까지의 잘못된 생활과 신앙이 부끄럽고 잘못되었구나 하는 것을 알게 되었고 독방까지 보내주신 주님이 이것을 보여주시려고 하셨구나 하는 것을 깨달았습니다. 성경을 다시 펼쳐보니 말씀이 살아있고 한 줄 한 줄 읽을 때마다 저의 마음과 머리에 쌓였습니다. 남들의 죄는 다 용서받아도 내 죄는 용서받지 못할 줄 알았는데 이 큰 죄인도 용서해 주시고 확실히 예수님을 영접하게 된 것을 기뻐하며 감사의 마음과 성령충만해지기를 기도하였습니다.

징벌이 끝난 후 혼거방으로 돌아와서는 마귀의 종이었던 지난날의 모습에서 완전히 바뀌어 하나님을 섬기는 종으로서 새롭게 착실하게 수용생활을 하면서 예배를 드리며 기도하기 시작했습니다. 또한 내 몸이 내 것이 아니고 하나님의 것이라는 것을 알고 저의 안구와 신장을 기증하기로 하였습니다. 지금까지 죄만 지은 악한 사람이지만 저의 장기를 통하여 새 생명을 얻은 사람들이 하나님을 더욱 찬양할 수 있고 아름다운 세상을 살아갈 수 있기를 바라는 마음에서 결심을 하였습니다. 저는 예수님의 이름을 힘입어 전도를 열심히 하였습니다.

그리하여 부끄럽지만 지금까지 수용생활 중 약 400여 명을 전도하였고 성경 말씀 13독과 성경 필사 2번, 찬송가 170여 곡 정도를 알게 되었으며 이렇게 밝게 감사하며 지내고 있습니다. 저의 어머니도 전도하여 지금은 도곡동에 위치한 독립문교회 집사님으로 열심히 신앙생활을 하시며 임마누엘 가정이 되셨고, 미용 자격증을 취득하시어 아들의 죄값으로 서초구민회관에서 경로당 노인분들의 머리를 다듬어 드리고 있습니다.

새 술은 새 부대에 담으라는 예수님의 말씀처럼 지난날의 죄인 정태는 십자가에 못 박혀 죽고, 예수님의 새 생명을 받아 이렇게 밝고 기쁘게 하나님의 크신 사랑에 감사하며 하나님의 아들이라는 긍지를 가지고 지내고 있습니다. 지금의 이 고난을 달게 받고 오늘이라도 하나님이 부르시면 담대히 갈 것입니다. 예수님의 피로 인하여 천국 갈 수 있는 확신이 있으며 저에게 덤으로 주신 허락된 날 동안 매일매일 주님의 믿음 따라 바르게 살아가고 방황하는 영혼들을 주님께로 인도하면서 영광된 날을 기다리겠습니다.

제가 만난 좋은 예수님을 꼭 만나시길 바라겠습니다. 지금 현재의 고난에 낙심하지 말고 정금을 얻기 위하여 단련시키는 고난이고 더 좋은 날 주시기 위하여 주시는 고난이라 믿으십시오. 로마서 8:18에 "생각건대 현재의 고난은 장차 우리에게 나타날 영광과 족히 비교할 수 없도다"(롬 8:18)라는 말씀이 있습니다. 이곳에서 생활하는 날까지 소망을 가지고 지내십시오.

사랑하는 수용자 여러분! 여러분이 원하지 않은 일로 이곳에 들어와서 시간, 돈, 건강, 신용, 명예 심지어 가정까지 잃고 나가는 분도 있지만 얻어서 나가는 것도 있어야 하지 않겠습니까? 바로 예수님을 영접하여 영생을 얻어 나가십시오. 저와 같이 마귀의 종이 되어 뒤늦게 후회하는 일이 없는 여러분이 되시기를 바랍니다. 제가 이렇게 믿음 안에서 살 수 있었던 것은 많은 분들의 도움이 있었지만 특히, 개인교회 자매이신 조부덕, 조산구 집사님의 사랑 때문이었습니다. 5년 동안 비가 오나 눈이 오나 한 번도 거르지 않고 영의 양식을 공급해 주시고 상처받은 영혼을 치유해 주시기 위한 눈물겨운 노력의 결실입니다.

고아원이나 양로원에 가셔서 봉사하시면 표창장도 받고 좋으실 텐데 이름 없이, 빛도 없이 사회에서 영원히 추방해야 할 사형수의 영혼을 위해 헌신하시는 자매님들은 다름 아닌 하나님이 보내주신 천사들일 것입니다. 그리고 기도로 후원하는 서울구치소 선교회장과 회원들, 그리고 종교위원이신 문장식, 박상구 목사님을 비롯한 목사님들, 교화협의회 회장이신 이상혁 변호사님과 교화위원들, 사형수 자매님들께도 감사를 드립니다.

마지막으로 간증을 마치면서 저의 심정을 빌립보서 4:6-7 말씀으로 대신하고자 합니다. "아무것도 염려하지 말고 오직 모든 일에 기도와 간구로 너희 구할 것을 감사함으로 하나님께 아뢰라 그리하면 모든 지각에 뛰어난 하나님의 평강이 그리스도 예수 안에서 너희 마음과 생각을 지켜주시리라. 아멘"(빌 4:6-7). 하나님의 사랑으로 성도 여러분의 가슴에 영원히 함께 살아갈 것을 약속드립니다. 감사합니다. 할렐루야!

간증자 김 정 태

2

나 같은 죄인도 용서받을 수 있나요?

의인을 위하여 죽는 자가 쉽지 않고 선인을 위하여 용감히 죽는 자고 혹 있거니와 우리가 아직 죄인 되었을 때에 그리스도께서 우리를 위하여 죽으심으로 하나님께서 우리에 대한 자기의 사랑을 확증하셨느니라(롬 5:7-8).

그동안 교도소선교를 하면서 내게 이런 질문을 하는 사람이 많았다.

"목사님, 사람을 그렇게 잔인하게 죽인 살인자들도 하나님이 사랑하시나요? 그런 사람이 정말 구원받을 수 있을까요?"

그러면 나는 이렇게 대답한다.

"저는 하나님 앞에서 사람을 죽인 살인자나 저나 똑같은 죄인이라고 믿습니다. 하나님 앞에서 큰 죄, 작은 죄가 어디 있습니까? 설상

그들이 저보다 많은 죄를 지었다 한들 하나님이 용서하지 못할 죄인
은 없습니다."

사람을 볼 때 우리는 눈에 보이는 것만으로 보는 경향이 있다. 심
지어는 자기 자신까지도 하나님의 눈으로 바라보지 못하고 자기 생
각으로 자신을 판단한다. 눈으로 보기에는 흉악한 살인범 혹은 강도
일지라도 그 누구도 그들에 삶에 대해서 판단할 수 있는 자격은 없
다. 만약 내가 그들과 같은 환경과 조건 속에서 태어나고 자라났다
면 나 또한 그들과 같이 살인자나 강도가 됐을지 아무도 모르기 때
문이다.

예수님이 이 땅에 살아계셨을 때 수많은 사람들이 주님을 보러 나
아왔다. 그 중엔 어마어마한 죄를 지은 사람도 있을 것이고, 비교적
경건하게 살아온 사람들도 있을 것이다. 그런데 예수님은 큰 죄를 짓
는 자들에게 정죄하는 말씀을 하지 않으셨다. 신약성경을 보면 간음
한 여인, 세리 삭개오, 5명의 남편을 둔 사마리아 여인, 38년 동안 중
풍병을 앓고 있는 자 등 주님은 수많은 죄인을 만났지만 그들을 정죄
하거나 비난하지 않으셨다. 오히려 주님은 작은 죄를 짓고도 회개하
지 않은 교만한 바리새인과 서기관들을 질책하시고, 그들을 향하여
'회칠한 무덤' 혹은 '독사의 자식'이라고 말씀하셨다.

어느 날 시몬이라 하는 바리새인 집에 예수님이 식사를 초대받고
가셨다. 그때 시몬은 예수님께 잘 보이기 위해 맛있는 식사와 화려한
옷과 장식을 준비했을 것이다. 시몬의 집에 도착한 예수님은 문에 들
어서는 순간부터 시몬에게 서운함을 느끼셨던 것 같다. 그것은 바로

시몬이 눈에 보이는 자신의 모습을 아름답게 포장하느라 정작 주님이 가장 관심 있어 하는 그의 마음을 드리지 않았기 때문이다. 그때 한 여인이 주님 앞에 다가와 눈물을 흘리며 머리카락으로 주님의 발을 닦는다. 아마 시몬은 찡그린 얼굴로 그 여인을 보며 속으로 이렇게 생각했을 것이다.

"에휴, 저 더럽고 불경한 죄인의 눈물로 예수님의 발을 닦다니…."

그때 시몬의 마음을 알아차린 예수님은 시몬에게 말씀하신다.

"시몬아, 내가 너에게 해줄 말이 있다."

"네. 주님 말씀하시지요."

"만약 빚 주는 사람에게 두 명의 빚진 자가 있다고 하자. 한 명은 오백 데나리온, 한 명은 오십 데나리온을 빌렸다. 그런데 이 둘이 갚을 것이 없어 둘 다 빚을 탕감하여 주었다. 이 둘 중에 누가 그를 더 사랑하겠느냐?"

"오백 데나리온 빚진 자 입니다."

"네 판단이 옳다."

"너는 내게 발 씻을 물도 주지 않았지만 이 여인은 눈물로 내 발을 적셔주었고 너는 내게 입 맞추지 않았지만 이 여인은 내가 이 집에 들어올 때부터 입 맞추기를 그치지 않았다. 또 너는 내 머리에 감람유도 붓지 아니했지만 이 여인은 향유를 내 발에 부어주었구나. 시몬아, 이는 그녀의 많은 죄가 사하여졌다는 것이다. 사함을 받은 일이 적은 자는 적게 사랑한단다."

지금도 교회 안에 시몬과 같은 신앙으로 살아가는 사람이 많은 것 같다. 향유를 부은 여인은 비록 시몬보다 지은 죄는 더 많았을지 몰라도 그녀는 분명 주님으로부터 용서를 받았다. 그녀 또한 자신의 허물을 용서하신 주님을 깊이 사랑하였다. 바로 이런 그녀의 마음을 보시고 주님은 그녀가 행한 일을 칭찬한 것이다. 예수님을 사랑한다는 것은 사람을 사랑하는 것과는 좀 다르다. 그것은 단순한 감정으로 하는 사랑이 아니다. 주님을 사랑한다는 것은 용서받음의 증거요 말할 수 없는 기쁨이다.

"난 그래도 저 사람보다 나아."

이렇게 말하며 시몬처럼 살아갈 것인가?

"나 같은 죄인도 용서하신 주님을 사랑합니다."

이렇게 고백하며 향유를 부은 여인처럼 살아갈 것인가?

우리가 반드시 알아야 할 것이 있다. 이 땅에 사는 모든 사람들, 즉 먹고, 자고, 배설하는 모든 사람들은 하나님 앞에서 다 죄인이다. 다만 하나님이 우리를 사랑하시고 긍휼히 여기사 독생자 예수님을 이 땅에 보내셔서 우리를 위해 죽게 하시고 누구든지 그를 믿는 자마다 구원을 받게 하신 것이다. 그리고 절대 거룩할 수 없는 우리를 거룩하다고 말씀하셨다. 그러므로 스스로 "나는 죄인이야, 하나님은 나를 용서하지 않으실 거야"라고 생각하지 마라. 예수께서 흘리신 보혈이 어찌 당신의 죄를 씻기지 못하겠는가? 주님이 감당하지 못할 죄가 어디 있겠는가? 망설이지 말고 주님께 돌아오라.

나는 내 인생의 반 이상을 교도소선교에 썼다. 선교를 하면서 내가 정말 당당하게 말할 수 있는 것은 하나님이 용서하지 못할 죄인은 없다는 것이다. 따라서 우리는 아무것도 내세울 것이 없다. 오직 하나님의 은혜로 우리는 구원을 얻었고 죄 사함을 받은 것이다. 거룩하지 않지만 하나님이 거룩하다고 말씀하셨으면 우린 거룩한 것이다. 단, 예수 그리스도를 믿고 그분을 나의 주님으로 영접한 사람에게만 해당한다.

하나님은 사람이 아니시기에, 하늘이 땅보다 높듯이 우리를 향한 사랑도 우리의 생각으로 측량할 수 없다. 단지 '믿고 구원을 얻으면' 되는데 왜 많은 사람들이 믿지 않고 멀리 가려 하는가? 담 안에 있는 사형수들은 지금도 그들의 작은 죄까지도 얼마나 철저히 회개하며 살아가는지 모른다. 그들은 날마다 하루를 마지막처럼 살아간다. 항상 하나님 만날 준비를 하며 처음 사랑이 식지 않기 위해 늘 주님과 교제하기를 힘쓴다. 사역하다 보면 수용자들이 이런 갈등을 많이 하는 것을 볼 수 있다.

"하나님이 정말 나 같은 죄인도 용서해줄 수 있나요?"

나는 이런 질문을 수도 없이 들었다. 그때마다 나는 이렇게 말한다.

"이 세상에 죄 없는 사람이 어디 있나요? 죄의 경중의 차이는 있겠지만 하나님이 용서하지 못할 죄인은 없습니다. 그러나 많은 사람들이 자신의 죄를 깨닫지 못하고 하나님 품으로 돌아오지도 않습니다."

만약 때가 남들보다 많은 사람이 있다고 하자. 그 사람은 다른 사람보다 때가 많기 때문에 목욕탕에 가기 부끄러울 수 있다. 그러나 더러울수록 물을 가까이해야 한다. 죄도 마찬가지다. 누구나 다 죄를 짓지만 죄가 많을수록 예수님께 나아가야 하고, 예수님의 보혈로 우리 죄를 씻어야 한다. 그런데 이상하게도 많은 사람들이 죄를 깨닫지도 못하고 주님께 회개하지 않고 교회를 멀리하는 것을 볼 수 있다.

우리 주님은 죄인을 위해 자기 자신을 버려 십자가에서 죽음을 선택하셨다. 다시 말해 예수님은 자신의 목숨보다 죄 많은 우리를 더 사랑하신 것이다. 아버지 하나님은 아들 예수 그리스도를 죽이심으로 우리를 향한 당신의 사랑을 확증하셨다. 하나님이 용서하지 못할 죄인은 없다.

3

내 주 예수 모신 곳은 그 어디나 하늘나라

> 바리새인들이 하나님의 나라가 어느 때에 임하나이까 묻거늘 예수께서 대답하여 이르시되 하나님의 나라는 볼 수 있게 임하는 것이 아니요 또 여기 있다 저기 있다고도 못하리니 하나님 나라는 너희 안에 있느니라(눅 17:20-21).

하나님 나라는 어떤 곳일까? 그곳은 천국에 가야만 볼 수 있는 나라일까? 우리는 육신을 가진 인간이기 때문에 이 땅에 사는 동안 시간에 매이고 공간에 매여 산다. 그래서 우리는 아무리 예수님을 믿어도 똑같이 늙고, 시간 앞에서 모두 다 공평하다. 슬프게도 이 땅에는 수많은 범죄와 아픔과 고통이 가득하다. 예수님을 믿는 사람도 이것들로부터 자유할 수 없다.

나에겐 3명의 형제가 있는데, 첫째 형님은 나와 함께 으뜸사랑교회를 섬기며 장로로서 사명을 감당하셨다. 형님은 남다른 면이 있어 젊었을 때부터 특허 낸 기술들이 많았다. 시간이 흘러 형님은 줄기세포 배양기계까지 개발하여 지금의 '엔 바이오텍' 회사의 전 대표이사로서 활동하셨다.

그런데 어느 날, 갑작스럽게 형님의 몸이 말을 듣지 않고 이상이 생겨 병원에 가보니 루게릭이란 병으로 진단받았다. 형님은 점점 몸의 힘을 잃어가고 근육이 마음대로 움직여지지 않게 되었다. 처음에는 휠체어를 타고 다니며 예배 드릴 때도 휠체어에 앉아 드리게 되었다. 그러다 점점 상태가 악화되어 이젠 침대에 누워 예배도 드리러 오지 못하게 되었다.

형님은 침대 위에서 무려 7년이란 세월을 보냈다. 그것도 자신의 입으로 음식도 먹지 못하고 호흡기 없이는 호흡도 하지 못한 채…. 아직 50대였던 형님은 너무 이른 나이에 가족들과 기계를 의지하지 않으면 살 수 없게 되었다. 이 병으로 인해 형수님도, 조카들도, 어머니도, 모든 가족들이 얼마나 힘들었는지 모른다. 왜 하나님은 우리 형님에게, 누구에게는 장남이고, 누구에게는 유일하게 의지할 수 있는 남편이고, 누구에게는 아빠인 형님에게 이토록 고통스러운 병을 주셨는지 나조차도 이해할 수 없었다.

그렇게 약 7여 년 동안 형님은 루게릭이란 병 앞에 때로는 완치를 향한 간절한 소망으로, 때로는 이 고통을 어서 끝내고 싶다는 절박한 마음으로 기도하며 투병했고, 다른 많은 사람들도 형님을 위해 간절히 기도했다. 하지만 나의 형님은 지난 2013년 겨울 우리 곁을 떠났다. 한편으론 하나님이 반드시 살려주시리라는 희망이 가족들 마음속에서 떠나지 않았다. 그러나 하나님은 그렇게 나의 형을 당신의 품으로 데려가셨다. 내가 너무나 안타까운 것은 형님이 너무나 고통스럽게 7년이나 병과 싸우다가 주님 품으로 갔다는 게 마음이 아프다. 만약 하나님이 내게 꿈속에서라도 천국에 있는 형님의 모습을 보여주신다면 나는 꼭 물어보고 싶다.

"형님, 그곳에 있으니 편하지? 더 이상 아프지 않지?"

늘 고통 가운데 괴로워하는 형님의 모습은 나를 너무 가슴 아프게 만들었다. 형님이 살아계신 동안 매일 아침 눈을 뜨면 나의 마음은 콱 막히는 느낌을 들었다. 그래서 지금도 나는 고통 없이 주님 품에서 쉬고 있는 형님의 모습을 정말 단 한 번만이라도 보고 싶다.

내가 형님 이야기를 하는 것은 바로 이 세상에는 아무리 예수님을 믿고 구원받아도 슬픔과 고통과 질병도 생길 수 있다는 것이다. 우리는 때로 이해할 수 없는 어려움과 고난이 생기면 하나님이 어떻게 나에게 이런 시련을 줄 수 있나 생각할 수 있다. 그러나 우리에게 닥치는 모든 시련과 아픔이 다 하나님 때문이라고 볼 수 없다.

왜냐하면 이 세상은 죄로 말미암아 모든 것이 다 파괴되고 변질되었기 때문이다. 만약 이 세상이 고통이 없는 완벽한 곳이라면 우리는 천국을 소망할 필요가 없을 것이다. 만약 이 세상이 거짓 없고 욕심 없는 사람들로 가득하다면, 범죄자가 한 명도 없다면 예수님은 우리를 위해 십자가에서 죽으실 필요가 없다. 비록 이 땅 위에 아픔과 슬픔, 죄악이

가득하지만 하나님은 교회를 통해 이 땅을 회복하고 다스리신다.

교도소 안에 있는 수용자 형제, 자매들이 가장 즐겨 부르는 찬송가는 "내 영혼이 은총 입어"이다. 그중에 3절 "초막이나 궁궐이나 내 주 예수 모신 곳이 그 어디나 하늘나라" 이 부분을 "초막이나 교도소나 내 주 예수 모신 곳이 그 어디나 하늘나라"라고 바꿔서 부른다.

지금 교도소 안에는 수많은 전도자들이 있다. 특히 최고수 형제들은 그 안에 있는 형제들을 전도하기 위해 수없이 기도하며 복음을 전파한다. 5년 동안 나와 함께 성경공부를 했던 이진철 형제는 최근까지 70여 명의 사람들을 전도하고 그들의 이름을 노트에 적어 날마다 그들을 위해 기도하고 있다고 한다. 이 외에도 수많은 형제, 자매들이 자신이 서 있는 그 자리에서 영혼구원을 위해 얼마나 성실하게 살아가는지 모른다. 나는 감히 그들은 비록 교도소에 갇혔지만 하나님 나라는 이미 그들이 속한 교도소 안에 임했다고 말하고 싶다. 그들은 나에게 이렇게 말한다.

"목사님, 밖에 있을 땐 죄지으랴, 돈 벌으랴 성경 읽을 시간도 없고 기도할 시간도 없었는데 이곳에 와서 하나님 말씀 읽고 기도하는 시간이 너무 좋아요."

어떤 사람들은 점호시간 이후 다른 수용자들이 잠들 때 화장실에 가서 1~2시간씩 기도하고 잔다. 그들은 대부분 중보기도와 방언기도로 하루를 마무리한다고 한다. 밖에서는 느끼지 못했던 아버지 하나님을 만나는 기쁨, 하나님의 역사하심을 교도소 안에서 느낀다고 말한다. 비록 그들은 어떤 이유로든지 갇히게 되었지만, 교도소의 높은 담장과 철창은 하나님을 막지 못했다. 하나님 나라는 교도소 안에 임했고 우리 주님은 지금도 그 안에서 잃어버린 영혼을 찾기 위해 일하고 계신다.

사회와 세상은 그들에게 등을 돌린다. 죄인이라는 이유 하나 때문에, 혹은 그들이 다시 재범을 일으킬 수 있는 악질이라고 생각하기 때문에. 그러나 하나님은 그들에게 두 팔을 벌리신다. 언제나 그들이 회개하고 하나님 품으로 돌아오길 간절히 기다리신다. 그렇게 하나님의 사랑은 교도소 안에서 흐르고 넘쳐 이 땅을 회복하실 것이다.

4

사랑의 힘은 의지를 이긴다

너희가 나를 사랑하면 나의 계명을 지키리라(요 14:15).

하나님은 우리에게 자유의지를 주셨다. 우리는 그 자유의지를 가지고 믿음을 선택할 수도 있고 죄를 선택할 수도 있다. 믿음을 선택한다면 하나님의 은혜로 영생을 얻지만, 죄를 선택하면 하나님의 공의로 말미암아 결국 사망에 이르게 된다.

예수님을 믿는 사람도 마찬가지다. 주님을 영접하고 난 후에도 수없는 선택을 하며 살아야 한다. 하나님이 기뻐하시는 길을 택할 것인지 아니면 하나님이 싫어하시는 길을 택하는 것인지는 본인의 의지로 결정하는 것이다. 하나님은 우리를 로봇처럼 당신 말씀에 무조건

순종하는 존재로 만들지 않으셨다. 우리에게 감정과 의지를 주시고 인격까지 주셨다. 하나님은 그런 우리와 사귐을 이루시길 원하신다 (요일 1:3-4).

그런데 문제는 성도라는 사람들도 죄의 문제에서 자유하지 못하다는 것이다. 굳이 법이 말하는 범죄를 저지르지 않아도 하나님 앞에선 작은 죄나, 큰 죄나 모두 똑같은 죄다. 세상의 법이야 사람을 죽이면 교도소에 가거나 사형받는 것이 당연하지만 하나님은 형제를 미워하거나 형제에게 바보라고 말하면 지옥 불에 들어가게 하신다고 말씀하시는 분이다(마 5:22).

누구나 예수님을 믿는 사람이라면 주님이 말씀하신 대로 살고 싶을 것이다. 그런데 문제는 우리 힘으로, 우리 의지만으로 죄를 이길 수 없다는 것이다. 하나님은 우리에게 자유의지를 주셨지만 우리는 그 자유의지를 사용할 수 있는 힘과 인내가 부족하다. 그러나 하나님의 교회는 결코 무너지지 않는다. 교회의 머리 되신 주님은 생명의 빛이시고 교회를 세상의 빛이라 말씀하셨다. 교회가 잘나서 빛이 된 것이 아니라 주님이 교회를 세상의 빛이라고 선포하신 것이다. 그리고 주님은 교회에 죄를 이길 수 있는 권세와 능력을 주셨다. 그것은 바로 우리의 믿음과 사랑이다. 믿음은 우리에게 하나님의 자녀가 되는 권세를 주고 사랑은 죄를 이기지 못했던 우리에게 세상을 이길 믿음을 가지게 한다.

생각해보라. 예수님은 바리새인들을 왜 그토록 책망하셨는가? 그들은 누구보다 신앙생활을 철저히 했던 사람들이었다. 그러나 주님은 그들이 하나님을 향한 사랑을 저버리고 세상의 영광을 더 사랑했다고 말씀하시면서 그들을 향하여 "화 있으리로다"라고 말씀하신 것이다. 아무리 신앙생활 잘한다고 해도 하나님을 향한 사랑을 저버리면 그것은 바른 믿음이 아니라고 할 수 있다.

누구나 다 죄에서 멀어지고 하나님의 뜻대로 살고 싶을 것이다. 그런데 그게 의지로만은 되지 않으니깐 문제인 것이다. 그래서 우리는 신앙생활을 하면서 죄와 싸우면서 죄의식에 괴로운 것이다. 그럼 우리는 어떻게 해야 하나? 다른 사람에게 말할 수 없는 은밀한 죄가 있다. 끊고 싶어도 끊을 수 없는 죄의 유혹이 있다. 아무리 이것을 놓고 기도해도 작심삼일 또 죄에 죄를 더하는 나를 보는가? 그렇다면 방법을 바꿔야 한다. 나의 죄를 자꾸 바라보면 죄의식만 커지고 하나님께 나아가질 못한다. 그러나 나의 죄를 깨닫고 하나님을 더 가까이 하면 주님을 더욱 사랑하게 되고 반복되던 죄의 행실이 줄어들게 된다. 한 번에 줄어들지는 않는다. 천천히 조금씩 주님과 가까워지는 만큼 세상을 향한 우리의 욕망과 탐심이 사라지는 것이다.

예수님을 깊이 사랑하면 죄를 이길 수 있다! 사랑은 모든 것을 이길 수 있는 힘이 있기 때문이다. 성경은 사랑은 "모든 것을 참으며 모든 것을 믿으며 모든 것을 바라며 모든 것을 견디느니라"(고전 13:7)라고 말한다. 이전에서 참을 수 없던 것을 참게 하고, 이전에는 믿지 못했던 것을 믿게 하며, 어떤 시련과 풍파가 다가와도 주님을 바라보며, 죄의 유혹과 세상이 주는 핍박을 견디게 한다.

우리가 인간의 사랑을 보더라도 알 수 있지 않은가? 사랑하는 연인을 위해서라면 무엇이든지 한다. 사랑하는 자녀를 위해서라면 꿈도 접는 것이 부모이다. 그렇다면 나를 위해서 죽으신 예수 그리스도를 사랑하면 그분을 위해서 어떤 것이든 하게 된다. 예수님은 "나를 사랑하는 자는 나의 계명을 지키나니"(요 14:23)라고 말씀하셨다. 왜 예수님은 "나를 믿는 자가 나의 계명을 지키나니"라고 하지 않으셨을까? 단지 믿음만 가지고는 주님의 계명을 지키기 어렵기 때문이라고 나는 말하고 싶다.

주님을 사랑하는 사랑만이 주님의 계명을 지키게 한다. 그것뿐인가? 구세주를 사랑하는 열정은 목숨도 아끼지 아니하고 순교까지도 가능하게 만든다. 사랑은 죽음까지도 두려워하지 않게 만드는 위대한 힘이 있다. 주님은 우리에게 그러한 사랑을 주시길 원하셨다. 단순한 감정적인 사랑이 아닌 세상을 이기는 사랑을 말이다.

> 하나님이 우리에게 주신 것은 두려워하는 마음이 아니요 오직 능력과 사랑과 절제하는 마음이니(딤후 1:7).

그렇다면 주님을 더욱 사랑하기 위해선 어떻게 해야 할까? 기도도 중요하다. 그러나 하나님의 말씀을 읽고 말씀 안에서 주님을 발견하고 만나야 한다. 주님과 사귀는 사람만이 그분을 더욱 사랑할 수 있다. 요한은 예수 그리스도를 말씀 하나님이라고 말한다.

> 태초에 말씀이 계시니라 이 말씀이 하나님과 함께 계셨으니 이 말씀은 곧 하나님이시라(요 1:1).

다른 것을 통해 예수 그리스도를 만나려고 하지 말고 기록된 말씀을 통해 주님을 만나야 한다. 말씀은 살아있다. 운동력이 있고 우리의 혼과 골수까지 쪼개는 능력이 있다. 우리 안에 더러운 마음이 있다면 그것을 무엇으로 씻어낼 수 있겠는가? 명상인가? 긍정적인 마음을 가져야 하는가? 아니면 심리치료라도 받아야 하는가?

오직 하나님의 말씀만이 우리 안에 더러운 생각과 가치관을 씻어내고 주님의 마음을 품게 한다. 이전에는 참을 수 없이 하고 싶었던 죄악들이 자연스럽게 끊어지고 주님을 알면 알수록 더 알고 싶고 가까이 나아가게 된다. 그리고 무엇보다 이전에는 알지 못했던 하나님의 사랑을 더 깊이 깨닫게 될 것이다. 성경을 정말 깊이 읽고 말씀을 통해 주님을 만나고 그분과 사귐을 누리라.

그러면 우리가 주님을 전심으로 사랑할 수 있게 된다. 그 사랑은 우리의 약한 의지를 이기게 한다. 더 이상 세상과 죄 앞에 흔들리는 우리가 아니라 주님을 사랑하는 자에게 속한 강력한 사랑의 힘이 모든 죄의 유혹을 이기는 것을 보게 될 것이다. 교회와 사랑은 떼어낼 수 없는 것이다.

5

어느 사형수의 타종교로의 개종
"황당하고 허무했던 순간"

무릇 이를 탐하는 자의 길은 다 이러하여 자기의 생명을 잃게 하느니라(잠 1:19).

한 형제 이야기를 하고자 한다. 그는 서진 룸 살롱 살해사건으로 구속된 신체가 건장한 유도대학 출신의 청년이었다. 비록 살인을 하고 왔지만 예의도 바르고 믿음직한 성격이었다. 그와 나는 얼마간 상담과 개인교회를 하면서 정도 많이 들었고, 말씀으로 잘 양육하면 좋은 일꾼이 될 것 같아서 기대도 했었다.

그런데 어느 날 갑자기 그 형제가 집회 참석을 안 하고 싶어 한다는 연락을 기독교 담당 교도관으로부터 받았다. 이유가 너무너무 궁금했다. 그래서 직원에게 개종을 한 이유가 무엇인지를 확실하게 알려 주던지 아니면 내가 그를 한 번만 만날 수 있게 해 달라고 부탁을 해 보았지만, 담당 교도관 역시 본인의 종교적 선택을 어찌할 수 없다며, 목사님이 포기하시는 것이 좋을 것 같다고 했다.

그도 그렇게 열심히 했었고, 나도 정성을 다했기에 믿어지지가 않았고 포기하기가 싫지 않았다. 나는 그에 대한 배신감까지 들 정도로 그의 영혼구원을 위해 정말 열심히 섬겼기에 더욱 포기가 되지 않았다. 나중에 알고 보니 개종의 이유는 의외로 간단했다.

"한 번 밖에 살 수 없는 인생 이렇게 끝낼 수 없어. 살길을 찾은 것이니 목사님께 죄송하다고 전해 주라"고 했다고 교도관을 통해서 전해 들었다. 불과 일주일 동안에 벌어진 일이다. 타종교로 개종을 하면 서명을 하여 구명운동을 해 줄 것이며, 앞으로 교도소 생활에도 어려움이 없도록 영치금도 많이 넣어 주고, 옥바라지를 잘해 줄 것이라고 약속을 했다고 한다. 이 말을 들은 후 나는 순간 팥죽 한 그릇에 장자권을 판 에서가 생각났고 이 말씀이 떠올랐다.

> 욕심이 잉태한즉 죄를 낳고 죄가 장성한즉 사망을 낳느니라(약 1:15).

> 이를 탐하는 자의 길은 다 이러하여 자기의 생명을 잃게 하느니라 (잠 1:19).

영원한 생명을 세상에서 더 편안하게 살기 위해 포기하는 그가 너무나 안타까웠다. 정말 그 순간은 참으로 황당했고 배신감에 교정선교를 그만두고 싶은 마음도 들었다. 그러면서도 "그도 하나님이 택하신 자녀가 아닌가? 믿음은 하나님이 주시는 것이다" 하면서 이 사건을 합리화해보기도 했다.

수개월 후 그의 사형이 집행되던 날 사형장에서 그를 만나게 되었다. 그는 내 얼굴을 똑바로 쳐다보지 못하고 고개를 숙이고 "죄송합니다" 한마디를 하고 지정된 좌석에 앉았다. 인정심문이 끝나고 부소장이 그에게 "소속된 종교위원님이 와 계신데 종교행사를 원하느냐?"고 물었다.

그는 한마디로 딱 잘라 안 하겠다고 하였다. 약속이 안 지켜진 것에 대한 반항 같았다. 집행관은 다른 할 말은 없느냐고 물었다. 그는 모든 것을 체념한 듯 "죄송합니다"란 한마디를 남기고 집행관의 "집행"이라는 명령과 함께 채워진 수갑 위에 포승으로 손과 발이 묶이고, 목에 오랏줄이 걸렸다. 잠시 후 그의 삶과 죽음이 교차했고, 그는 사형장 지하에 싸늘한 시신으로 뉘어졌다. 그의 최후를 보면서 또다시 인생의 허무함을 느꼈다.

욕심 때문에 죄를 지었고, 더 살고 싶은 육체의 욕심이 그를 영원한 죽음으로 몰아넣었다. 어차피 흙에서 와서 흙으로, 적신으로 와서 적신으로 가는 것이 우리 인생의 결론이다. 그러나 예수님을 믿는 우리는 하늘에 속한 형상을 입고 다시 부활하여 영생을 누리는 것이다. 우리가 이 세상에 와서 예수 잘 믿고 천국 가는 것만큼 행복하고 가치 있는 일은 없다. 우리가 가지고 있는 이 믿음이 얼마나 중요한 것인지 교정선교를 하다 보니 더 처절히 깨달아진다.

> 아무도 자신을 속이지 말라…세상의 지혜는 하나님께 어리석은 것이니 기록된바 하나님은 지혜 있다는 자들로 하여금 자기 꾀에 빠지게 하시는 이라…그런즉 누구든지 사람을 자랑하지 말라… 너희는 그리스도의 것이요 그리스도는 하나님의 것이니라

(고전 3:18-23).

미국의 정신분석학자 에리히 프롬은 "인간이여 그대의 지식을 비워버리라"고 했다. 그것은 알고 있는 것을 잊으라는 것이 아니라, 알고 있다는 사실을 잊으라는 것이다. 사람은 두 가지 양식을 갖고 있는데, 그 하나는 자기의 것으로 소유하고자 하는 생물학적 욕망에서 나오는 힘 '소유양식'과 또 하나는 나누고 베풀고 희생하려는 마음으로 다른 사람과 하나가 되어 자신의 고립을 극복하려는 타고난 욕구에서 나온 '존재양식'이라고 했다.

특히 우리 한국 사람은 '소유의식'이 강한 편이다. 그래서 뭐든지 내 것으로 만들어야 직성이 풀린다. 예쁜 꽃이 있으면 두고 함께 보면 좋으련만 꺾어 가는 것은 '소유의식'이요, 두고두고 오래 함께 보고 나누려는 것은 '존재의식'이다. 꺾인 꽃은 오래가지 않는다. 얼마 가지 않아서 시들고 말 것이다. 어렵게 가졌으면 그것을 사랑하고, 그것으로 기쁘고 행복해야 하는데, 소유의식이 강하면 또 다른 새로운 것을 추구하고 찾게 될 것이다.

결혼을 해서 부부가 되면 처음처럼 아끼고 사랑하면 좋으련만 그렇지 못한 것이 현실이다. 사랑은 기술이요 지식이라 했는데 우리는

삶이 바쁘다는 이유로 사랑의 기술도 부려보지 못하고, 상대의 아픔과 고통을 알려고도 않았고 챙겨보지도 않고 살아온 것 같다. 외형적으로는 부부만큼 상대를 잘 아는 사람은 없을 것 같지만, 아무것도 모르는 사람은 아무것도 사랑하지 못한다고 했다. 사실 부부가 깊이 사랑하지 못하는 것은 사랑의 지식이 없기 때문이다.

어떤 목사님은 집에 들어가기 전에 집에 전화를 해서 집에 들어가도 되겠냐고 물어보고 들어와도 좋다면 들어간다고 하는 이야기를 방송에서 들은 적이 있다. 물론 과장된 표현이긴 하지만, 사람들은 너 나 할 것 없이 일단 어떤 것을 소유하고 나면 그것에 대해서는 점점 관심을 잃어가고 식상해 한다. 사람들 관계에서도 결국 서로가 상대방을 무시하고 멸시하는 발언까지 서슴없이 하고 그렇게 상처를 주고받다가 자신의 존재가치를 잃게 된다. 그래서 또 다른 새로운 것들을 추구하게 되고 이별의 아픔을 겪게 되는 것이 아닌가 싶다.

욕심 또한 소유욕에서 나오며 지나치게 욕심을 부리는 사람은 평생 만족함이 없고 불만으로 가득하여 불행한 삶을 살게 될 것이다. 소유에는 가진 것을 잃을 수 있다는 위험부담과 거기에서 생기는 불안과 걱정이 있지만 존재적 실존의 양식에는 없다. 그것은 존재하는 나의 중심은 나 자신의 내부에 있기 때문이다. 소유는 사용에 따라 감소하는 반면 존재는 실천을 통해서 오히려 증대한다.

> 저희에게 이르시되 삼가 모든 탐심을 물리쳐라 사람의 생명이 그 소유의 넉넉한 데 있지 아니하니라(눅 12:15).

우리의 생명은 우리의 소유한 것에 달려 있지 않다. 세상에서의 소유욕 때문에 영원한 생명을 잃어버린 형제를 기억하며 우리는 주님의 말씀처럼 모든 탐심을 물리치는 사람들이 되어야 할 것이다.

마음이 탐하는 자는 다툼을 일으키나 여호와를 의지하는 자는 풍족하게 되느니라(잠 28:25).

4부

교도소는 선교의 황금어장

1. 교도소에서 방언을 받았어요!
2. Thank you pastor!(외국인수용자 예배)
3. 풀린 자 선교
4. 전도는 왜 해야 하는가?
5. 으뜸사랑교회와 교정선교
6. 종교부지 추첨과 하나님의 도우심
7. 으뜸사랑교회 새 예배당 건축

1

교도소에서 방언을 받았어요!

세상에서는 하나님과 상관없이 살다가 교도소에서 하나님을 만나면 그 사람이 어떤 사람이었든지 하나님 앞에서 "새로운 피조물"(고후 5:17)이 된다. 예수님은 복음을 믿는 자에게는 표적이 따른다고 말씀하셨다.

> 믿는 자들에게는 이런 표적이 따르리니 곧 그들이 내 이름으로 귀신을 쫓아내며 새 방언을 말하며 뱀을 집어올리며 무슨 독을 마실지라도 해를 받지 아니하며 병든 사람에게 손을 얹은즉 나으리라 하시더라(막 16:16-17).

간혹 방언과 병 고치는 은사는 초대 교회 때만이지 지금은 아니라고 말하는 사람이 있다. 그러나 사도 바울은 "나는 너희가 다 방언을 말하기를 원하나 특별히 예언하기를 원하노라"(고전 14:5)라고 말했다. 성령의 역사하심은 시간적, 공간적 제한을 받지 않는다. 교도소 안에서도 마찬가지다. 교도소 안에서 예수 영접하고 방언 받고 통변 은사 받은 사람이 상당히 많이 있다. 간혹 병 고치는 은사까지 받은 사람도 있는데 이런 사람들이 많지는 않다.

내가 아는 수용자 중에 은사를 받은 사람이 많이 있는데, 그중 박예진(가명) 자매의 간증은 정말 너무나 놀랍다. 박예진 자매는 젊은 나이에 교도소에 들어오게 되었는데, 처음 자매를 만났을 때 첫인상이 정말 해맑고 너무나 순수한 영혼을 가진 사람 같았다. 자매는 평소에 방언을 해본 적이 없다가 교도소에서 방언을 받았다고 한다. 내가 어떻게 방언을 받게 되었냐고 물어보니 방 안에서 잠들기 전에 늘 기도하는데, 3일 동안 이런 기도만 계속했다는 것이다.

"하나님, 죄송합니다. 하나님, 죄송합니다. 하나님, 용서해주세요. 하나님, 저는 죄인입니다."

다른 말은 일체 하지 않고 3일 동안 이렇게 똑같은 말로 회개기도를 하다가 어느 순간부터 혀가 자신의 뜻대로 제어가 안 되면서 방언이 나왔다는 것이다. 그 자매는 방언을 받고 너무나 기뻐서 정말 뛰고 싶었다고 말했다. 자매가 얼마나 방언을 받은 것에 대해 감사했는지 매일 밤 잠들기 전에 1~2시간은 꼭 방언기도를 하고 잠자리에 들었다는 것이다. 방언으로 꾸준히 기도를 하면서 자매는 자신이 하는 방언이 무슨 뜻인지 알기를 원해서 그 부분을 놓고 기도했다고 한다.

그 이후 방언 받은 지 얼마 되지도 않았는데 방언 통변의 은사까지 받은 것이다. 그런데 그 자매는 자신의 방언기도에는 회개의 내용이 가장 많다는 것을 깨달았다. 방언은 사람에게 하는 것이 아니고 하나님께 하는 것으로 알아 듣는 자가 없다(고전 14:2). 그래서 방언을 하는 사람은 방언 통변의 은사를 구해야 하는 것이다(고전 14:13).

놀라운 것은 박예진 자매는 통변은사를 받은 지 얼마 안 되어 치유은사까지 받게 되었다. 자매는 작은 질병으로 인해 힘들어하는 부모님을 위해 기도했다고 한다. 한번은 어머니가 면회 와서 어디가 좀 불편하다고 했는데, 그 부분을 놓고 자매는 열심히 기도했다고 한다. 그런데 갑자기 어머니가 아프신 부분의 통증이 자매에게 느껴지기 시작하면서 자매는 기도를 더 깊이 했다. 한 일주일이 지난 후 어머니에게 연락이 왔는데 아파서 늘 고생했던 부분이 깨끗이 나았다는 것이다. 이 자매는 이제 자신의 가족뿐 아니라 함께 담 안에 갇혀 있는 자매들을 위해서 기도하는데, 교도소 안에서 치유의 역사가 일어나는 것이다. 그래서 지금은 옆방의 수용자들이 아픈 데가 있으면 다 박예진 자매에게 찾아와 기도해달라고 요청한다.

비록 교도소에 들어와 있지만 그 자매는 세상에서 바쁘게 사느라 만나지 못했던 하나님을 교도소에서 만나 예수님 안에서 인생역전을 한 것이다. 예수님을 위해 사는 것만큼 가치 있는 삶이 어디 있는가? 자매는 이제 주님을 인격적으로 만나 그분만을 위해 살기로 결심했다. 얼마나 주님을 사랑하는지 그녀의 얼굴에서 늘 기쁨과 감격이 떠나지 않는다. 나는 그녀가 그곳에서 신학을 공부할 수 있도록 도와주었고 자매는 열심히 공부를 하며 성실하게 생활하고 있다.

나는 교도소 안에서 은사를 받고 그것을 하나님의 영광을 위해 사용하는 자들을 보며 목사인 나는 받은 은사와 재능을 얼마나 열심히 사용했는가 돌아보게 되며 도전을 받는다. 수십 년 신앙생활을 해도 성령체험 못 하는 사람이 생각보다 많다.

성령님은 시간적 제한을 받지 않으신다. 2000년 전 사도들의 시대에 역사하셨던 성령님이 지금도 우리 가운데 거하시고 역사하신다. 예배당 안에만 성령이 임하시는 것이 아니다. 성령님은 우리가 어디 있든지 간에 우리 가운데 임하셔서 하나님 나라가 우리를 통해 확장되게 하신다. 할렐루야!

옥중서신 6

　목사님, 바쁘신 와중에도 저에게 귀중한 시간을 허락해 주셔서 감사드립니다. 늦게 서신 드린 점 또한 죄송하다는 말씀드립니다.

　목사님, 목사님을 뵙고 목사님께 세례를 받고 저의 삶엔 많은 변화가 있었습니다. 나를 위한 삶이 아닌 이타적인 삶을 살아야 한다는 목사님의 말씀을 듣고, 이제는 주님의 자녀로 변화된 삶을 살아야겠다 생각하니 제 마음에 자리 잡았던 '미움'이란 녀석이 서서히 사라지기 시작했습니다. 그리고 그 자리가 '사랑'이란 이름으로 채워지고 있었습니다.

　목사님, 저는 이곳에서 작년 8월에 방언의 은사를 받았습니다. 저는 세례도 성경공부도 제대로 해 본 적이 없는 미성숙의 초신자이다보니 어떤 이는 저에게 사탄이 주는 것일 수도 있으니 조심해야 한다고 했고, 제 자신도 두렵기도 하였지만 너무나 감사해 하며 하루에 잠들기 전 1~2시간씩 방언기도를 하기 시작했습니다. 계속해서 방언기도를 하던 중 무슨 말을 하는 것인지 너무나 궁금해 저는 기도했습니다.

　"주여! 제 입을 통해 알려 주소서."

　그러자 놀랍게도 제가 그토록 아버지께 기도했던 것이 "아버지, 잘못했습니다"라는 말이었습니다. 얼마나 많이 울었는지, 눈

Love Is More Powerful Than Violence

물을 흘렸는지 모릅니다. 어머니는 저의 이런 변화에 하나님의 은혜라며 너무나 감사해 하시며 겸손해야 한다고 말씀하셨습니다. 그 당시 저는 아무 이유도 모른 채 교만하지 않고 겸손함으로 주를 섬기게 해달라고 기도드렸습니다.

목사님, 목사님께 세례를 받고 첫 번째 변화가 마음의 변화였고, 두 번째 변화는 12월 27일 금요일 기도하던 중 '이사야 60장'을 주셨습니다. 이곳에서 일을 한다는 핑계로 성경을 등한시 하는 저이기에, 말씀 위에 서 있지 못한 저이기에 나의 착각인가 생각하며 "아버지의 말씀이 맞으시면 제 입을 통해 말씀해주세요"라고 기도 드리니 방언 중 입이 돌아가더니 "맞다"라고 말씀하셨습니다. 그리고서 다시 마음속에서 "반복될 것이다. 너는 더 놀라운 것을 보게 될 것이다"라고 말씀하셨습니다. 그 말씀을 들었을 당시엔 '나중에 나에게 뭘 보여주시려는 건가?'라고 생각했지만 그 후 제가 성령님과 계속해서 질문을 주고받고 있었습니다. 그리고 저에게 "나갈 준비를 하거라!" 이렇게 말씀해 주셨습니다. 그리고 며칠 뒤 놀라운 일들이 일어났습니다.

방언기도 중 제 입 모양과 목소리가 달라지더니 "예진아, 나는 너의 아버지다. 너는 내 딸이다. 예진아, 나는 너를 사랑한다. 내 딸아!"라고 육성으로 말씀하셨습니다.

그 후 사람들을 위해 기도하자, 제 입을 통해 응답을 주셨습니다. 박O옥이란 사람을 위해 기도하자 음성으로 말씀해 주셨습니다. "많이 하지 말아라. 아니라고 하지 말아라." 너무나 이상하다 생각하며 가서 전해주자 그녀는 크게 놀라는 것이었습니다. 한참 시간이 지난 후 그녀가 이야기했습니다.

그녀는 금식을 너무 많이 해서 힘들어하고 있었고, 오늘 다시 3일 금식을 해야 하나 생각 중이었다며. 그리고 사실 불교로 다시 가려고 아버지께 "저는 기독교 아닌 것 같아요 다시 불교로 가야겠어요"라고 기도를 했다고 하며 정말 하나님은 살아계시는 것 같다고 이야기했습니다.

이렇듯 이곳의 6명의 사람들, 기도한 사람들 모두에게 응답을 주셨습니다.

목사님! 저 지금은 너무나 감사하고 행복합니다. 이 아름다운 세상에 주님의 자녀로 살아갈 수 있도록 허락해 주신 주님께 감사드립니다. 할렐루야! 이제 남은 인생은 주님을 증거하며 살아가기를 원합니다.

목사님! 주 안에서 사랑합니다. 축복합니다. 감사하고 또 감사드립니다.

2013. 12. 22

박예진 올림

Love Is More Powerful Than Violence

2

Thank you pastor!
(외국인수용자 예배)

2013년 여름, 평소처럼 나는 매주 목요일에 있는 징벌위원회에 참석했다. 그날 '에니노'라는 나이지리아 외국인수용자가 징벌대상자로 나왔다. 그가 징벌을 받는 이유는 이러했다. 그가 방 안에서 춤추며 찬양을 하는 것이 다른 수용자들에게 방해가 된다는 것이다. 교도소 안에서는 이처럼 춤추고 노래 부르는 것조차도 서로 배려하지 못하면 징벌을 받게 되는 상황이 생기게 된다. 어쨌든 그는 징벌회의에 나오게 되었고, 그 계기로 인해 그와 나의 만남이 시작되었다.

그는 자신은 그저 하나님을 찬양하기 위해 춤추며, 발을 구르며 찬양한 것이었다고 말했다. 그는 결코 악의는 없었다며 억울함을 호소했다. 그리고 곧 그의 큰 눈에서 눈물이 흘러내렸다. 까만 피부에 커다란 눈을 가진 얼굴이었다. 순수해 보이는 그의 눈동자에서 눈물이 뚝뚝 떨어지는 것을 보니 내 마음이 뭉클해졌다. 그는 징벌을 받으면서도 "God bless you"라고 교도관과 징벌위원들을 축복했다.

그의 이런 모습은 나에게 도전과 신선한 충격이었다. 그래서 나는 목사로서 징벌위원들에게 이것은 문화의 차이요, 또 악의를 가지고 그런 것이 아니었기 때문에 이번에 한하여 용서해줌이 어떠냐고 제안했다. 결국 그는 징벌을 면하고 용서받게 되었다.

그날 이후 어느 날 밤, 꿈속에서 수용자 옷을 입고 있는 흑인 한 사람이 내게 손을 흔드는 것을 보았다. 그 손짓은 이리로 와서 도와달라는 것처럼 보였다. 마치 바울이 마게도냐 환상 가운데 본 사람처럼 그 외국인도 나에게 손짓을 하며 도움을 청하는 것 같았다. 그 순간 저번에 징벌위원회에서 본 흑인 남성이 생각났다. 나는 곧바로 구치소에 연락하여 지난번 징벌위원회에서 만났던 그 외국인을 만날 수 있게 해달라고 부탁했다.

나는 그와의 만남을 놓고 기도했다. 그리고 통역을 위해 딸 민영이를 함께 데리고 그를 만나러 갔다. 그의 나이는 40대 초반이었다. 나는 우선 그와 함께 찬송(Amazing Grace)을 부르고 짧게 말씀을 전했다. 그는 곧잘 아멘으로 화답했고 기도할 때면 눈물을 흘리곤 했다. 그의 성경책은 얼마나 읽었는지 많이 낡아있었다. 그는 말끝마다 "Thank you Pastor" "God bless you"라고 말했다. 비록 언어의 장벽으로 인해 긴밀한 대화는 나누지 못했지만, 서로를 향한 그 마음이 느껴지는 순간이었다. 우리는 다음에는 외국인수용자 예배를 드리게 해달라고 기도하며 헤어졌다.

선교는 똑똑한 사람이 하는 것이 아니다. 조건으로 하는 것도 아니다. 영어를 잘한다고 해서 할 수 있는 것도 아니다. 선교는 영혼을 사랑하는 열정과 하나님의 부르심에 순종하는 사람만이 할 수 있는 것이다.

딸 민영이는 현재 백석대학교 신학과에 재학 중이다. 영어실력이 그렇게 훌륭하지는 않지만 간단한 대화는 할 수 있다. 딸은 외국인수용자를 만나는 것을 처음엔 굉장히 어려워했다. 여름방학 때쯤 딸에게 이제 외국인수용자들도 예배를 드리게 해보자고 했더니 영어엔 자신이 없어 딸은 걱정을 많이 했었다.

우리가 생각했던 것보다 외국인수용자 예배를 드리기 위해선 생각보다 많은 준비가 필요했다. 설교 번역과 간식 준비, 영어로 찬양하기는 너무나 많은 시간과 헌신이 필요했다. 교도소선교를 할 때마다 동역해 주는 '복음의 메아리' 찬양팀이 있다. 그분들은 각자 직장을 다니고 있으면서도 매주 목요일에 안산에서 찬양연습을 한다고 한다. 복음의 메아리 식구들도 외국인수용자 예배를 위해 매주 목요일 밤늦게까지 연습을 하곤 했었다. 우리는 그렇게 그 예배를 놓고 한 달 동안 열심히 기도하고 준비했다. 그리고 그렇게 준비하던 외국인수용자 예배를 드리는 날이 왔다. 한 40~50명 정도의 외국인 형제들이 모여왔다. 그 중엔 백인도 있고 흑인도 있고 황인도 있고, 수많은 국적과 다양한 종교를 가진 사람들이 모였다.

나는 마치 작은 지구를 보는 것 같았다. 알래스카에서부터 나이지리아, 말레이시아, 중국, 일본, 미국, 콩고 등 너무나 다양한 민족이 모였다. 이날 처음으로 하나님께 예배하는 형제들이 대부분이었다. 우리는 영어로 함께 찬양하고 설교를 마친 후 나는 이렇게 말했다.

"이 시간 예수 그리스도를 마음속에 영접하고 싶은 사람은 자리에서 조용히 일어나주시길 바랍니다."

그때 앉아있던 형제들 중 거의 절반 이상이 일어나 주님을 영접하는 기도를 드렸다. 잊을 수 없는 날이었다. 어색한 영어찬양, 매끄럽지 못한 통역, 사람의 눈으로 보기엔 모든 것이 다 부족하고 어색한 예배였다. 그러나 하나님이 역사하시니 이들의 마음이 열리게 되었고 곧 주님을 마음에 모시기로 작정한 것이다. 나는 이들을 보며 여기서 만약 이들이 주님을 영접하고 본국으로 돌아간다면 현지인 선교사로서 살아갈 수 있겠다는 생각이 들었다.

요즘 외국인수용자들 가운데 특히 무슬림들이 많이 있음을 느낄 수 있다. 그만큼 이슬람교가 세계적으로 많이 분포되어 있음을 보여주는 것이다. 언젠가 외국인수용자 예배를 드리는데 너무나 열악한 환경 가운데 예배를 드린 적이 있었다. 찬양팀은 고작 3명이었다. 연습도 잘 해보지 못하고 외국인들 앞에 서서 찬양을 먼저 시작하는데 처음에는 수용자들이 집중을 하지 못했다.

그러나 시간이 흐를수록 수용자들이 집중하고 찬양을 함께 드리기 시작했다. 우리는 예배 가운데 성령님의 임재를 느낄 수 있었다. 사용하는 언어도 다르고 발음도 다르고 생긴 것도 너무 다른 사람들끼리 모여서 한마음으로 하나님을 찬양했다. 설교 또한 15분도 채 되지 않는 간략한 설교였다. 나는 예수 그리스도를 왜 믿어야 하는지 그들에게 설교했다. 설교를 마친 후 놀라운 일이 일어났다. 약 65명

수용자가 모여서 예배를 드렸는데 그 가운데 40명 조금 넘는 사람들이 영접기도를 하겠다며 일어났다.

그 어떤 예배보다 더 많은 인원이 일어난 것이다. 정말 열악한 환경이었지만, 주님이 역사하시니 이들의 마음이 열리고 예수님을 영접하게 된 것이다. 놀라운 것은 이들 가운데 젊은 무슬림 청년이 예수님을 깊이 알고 싶다고 내게 도움을 청했다. 그는 예배를 드린 다음 날 바로 나에게 편지를 보냈다. 그는 아프가니스탄에서 온 20대 중반의 청년이었다. 그는 나에게 정말 정중하게 예수님을 더 깊이 알고 싶다고, 새 생명을 얻게 해달라고 요청했다.

그의 요청은 너무나 간절했다. 이 청년 외에도 다른 외국인수용자들도 얼마나 주님을 알기 원하는지 모른다. 일꾼이 없어 이들에게 도움을 많이 주지는 못하지만 우선 이들이 도움을 요청하면 나는 그들에게 개인적으로 찾아가 영접기도를 시켜주고 영어 성경책을 사다 준다.

며칠 전 무슬림 청년을 만나러 갔었는데 그는 제법 한국말을 할 줄 아는 청년이었다. 그는 자신의 가족이 무슬림인데도 불구하고 예수님을 믿고 새 생명을 얻고 싶다고 말했다. 그래서 내가 그에게 물었다.

"예수님을 영접하고 고국으로 돌아가면 목숨의 위협을 받을 수도 있는데 괜찮겠나?"

그는 대답했다.

"상관없습니다. 저는 정말 간절합니다."

그래서 나는 그의 손을 붙잡고 함께 영접기도를 했다. 기도를 마친 후 내가 자리에서 일어나 악수를 하려고 하는데, 그가 일어나지 못했다. 그는 가만히 앉아서 가슴을 두 손을 모은 채 움직이지 못했다. 그래서 내가 "자네, 괜찮은가? 혹시 어디 아픈 거 아니지?"라고 했더니 그가 "목사님, 제 가슴이 뜨거워서 못 일어나겠어요. 잠시만요, 잠시만요." 하는 것이다. 정말 그 청년의 모습을 보며 얼마나 감격스럽고 감사했는지 모른다.

하나님은 굳이 우리가 외국에 나가지 않아도, 이슬람권 나라로 들어가지 않아도 이곳 교도소에서 외국인 중에 그것도 무슬림이 예수님을 믿는 역사를 이루어주셨다. 지금 우리 기독교인들이 이슬람 국가에 가서 선교를 한다면 정말 목숨을 건 선교라고 할 수 있을 것이다. 그런데 교도소 안에는 이슬람뿐만 아니라 수많은 종교와 많은 인종이 섞여 있다. 이곳은 정말 선교의 황금어장이다. 선교의 열정만 있으면 누구든지 와서 복음을 전할 수 있는 황금어장이다.

지금도 우리 교정선교 간사들 및 복음의 메아리 팀 또 많은 동역자들과 함께 두 달에 한 번 혹은 한 달에 한 번 외국인수용자 예배를 준비하고 있다. 여태 국내에 있는 사람들만 상대하다 보니 외국인수용자에 대해서는 깊이 생각하지 못한 것이 사실이다.

외국인수용자 한 사람만 전도해도 그가 본국에 돌아가면 그들의 가족과 또 친구들이 예수님을 믿게 될 수도 있다. 아무리 훌륭한 선교사라 해도 현지인 선교사만큼 영향력을 발휘할 수는 없다. 앞으로 미래의 선교사를 꿈꾸는 동역자들은 이러한 선교의 황금어장이 교도소에 있다는 것을 알아둔다면 좋은 기회가 될 것이다.

옥중서신 7

To. Pastor Kim Young Seog

My dear pastor, greetings comes to you in the name of Jesus Christ our Lord. Hi, how are you? I hope everything fine with you. First of all, thank you very much. Because I was wrong before and you teach me the right way. I am very happy I meet you and also from God. Because He put me in jail and I meet you and you teach me my real religion. That is Jesus Christ.

I am always praying for you. And I am telling God thanks you send me my pastor. I will teach also my family. I will tell them "Islam is wrong please believe Jesus Christ." I hope they understand my words and feeling.

Since I change my religion, I am feeling so amazing. Today is the best day of my life. Dear pastor, last time you told me that you will help me about study. Please teach me more. I want to study about Jesus Christ. Now I have dream. Please help me. I wanna be like you. I have one request when you praying in church, please pray for me. There a lot of people coming in your church please

Love Is More Powerful Than Violence

also tell them pray for me. Thanks.

My dear pastor, you know I don't have any family members in Korea. Beside you. Thank you very much. God bless you. Please keep praying for me. Prayer is talking with God.

"Lord Jesus, I need you. Thank you for dying on the cross for my sins. I open the door of my life and receive you as my savior and Lord. Thank you for forgiving my sins and giving me eternal life. Take control of the throne of my life. Make me the kind of person you want me to be. Amen."

I invite Christ into my life. He would come to my life. He will never leave me. His promise he will not deceive me.

Thanks God. I love you Jesus Christ.

2014. 11. 18.

R

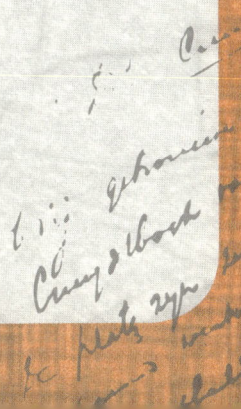

김영석 목사님께,

　나의 친애하는 목사님, 우리 주 예수 그리스도의 이름으로 인사 드립니다. 안녕하세요? 잘 지내고 계시나요? 목사님의 모든 일이 다 잘 되길 소망합니다. 먼저, 목사님께 정말 감사합니다. 이전에 제가 잘못된 길로 가고 있을 때 목사님은 저에게 바른길을 가르쳐주셨기 때문입니다. 저는 당신을 만나게 되어, 그리고 하나님 때문에 매우 행복합니다. 왜냐하면 하나님은 저를 교도소에 가두시고 목사님을 만나 목사님을 통해 진짜 종교를 가르쳐주셨기 때문입니다. 진짜 종교는 바로 예수 그리스도입니다.

　저는 항상 목사님을 위해 기도하고 있습니다. 그리고 하나님께 목사님을 제게 보내주셔서 감사하다고 기도합니다. 나중에 저는 제 가족들에게도 가르칠 것입니다. 저는 가족들에게 "이슬람은 잘못됐습니다. 제발 예수 그리스도를 믿으십시오"라고 말할 것입니다. 저는 가족들이 제 말과 마음을 이해하길 바랍니다.

　제 종교를 바꾼 그 순간부터 제 기분은 너무나 놀랍습니다. 오늘은 제 인생에서 가장 최고의 하루입니다. 친애하는 목사님, 저번에 목사님께서 제게 공부를 할 수 있게 도와주겠다고 말씀해주셨습니다. 저를 더 가르쳐주세요. 저는 예수 그리스도에 대해 공부하고 싶습니다.

　지금 저에겐 꿈이 생겼습니다. 저를 도와주세요. 저는 목사님처럼 되고 싶습니다. 제가 한 가지 요청할 것이 있습니다. 교회에서 기도하실 때 저를 위해 기도해주세요. 그리고 교회로 오는 많은 사람들에게 저를 위해 기도해달라고 말해주세요. 감사합니다.

나의 친애하는 목사님, 한국에는 제 가족이 아무도 없음을 아시죠? 목사님만 제외하고요. 정말 감사합니다. 하나님이 목사님을 축복하실 것입니다. 꼭 저를 위해 기도해주세요. 기도는 하나님과 대화하는 것입니다.

"주 예수님, 저는 주님이 필요합니다. 저의 죄를 위해 십자가 위에서 죽으심을 감사합니다. 제 인생의 문을 열고 주님을 나의 구원자요 나의 주님으로 영접합니다. 저의 죄를 용서해주시고 제게 영원한 생명을 주셔서 감사합니다. 제 인생의 왕이 되셔서 저를 다스려주세요. 주님이 원하시는 모습으로 저를 변화시켜 주세요. 아멘."

저는 그리스도를 제 인생에 초청합니다. 그분은 제 인생에 들어오시길 원하십니다. 주님은 결코 저를 떠나지 않으십니다. 주님 약속하셨습니다. 주님은 저를 속이지 않으십니다.

하나님 감사합니다. 예수님 사랑합니다.

2014년 11월 18일

레○○ 올림

*번역에 오역이 있을 수 있습니다.

3

풀린 자 선교

그동안 나는 옥에 갇힌 자들을 위한 선교를 했었다. 그러나 오래전부터 풀린 자들에 대한 기도를 하고 있었다. 왜냐하면 그들은 비록 몸은 풀려났을지라도 밖에서도 갇힌 자와 다름이 없기 때문이다. 풀린 자 선교를 왜 해야 할까? 다는 아니지만, 대부분 출소 후엔 그들을 환영해주는 사람도 없고, 기다려주는 사람도 없고 가진 것도 많지 않기 때문이다. 세상에 나가도 소외될 수밖에 없는 사람들이다.

물론 가족들이 기다려주는 수용자들도 있지만 그렇지 못한 경우가 더 많다. 수용자들에게 있어서 가장 큰 아픔은 자신을 가두는 철창이 아닌 아무도 내 편이 없다는 외로움일 수도 있다. 밖에 나가도 기다려주는 사람이 없다는 현실, 그리고 막상 나가도 아무 것도 할 수 없고 또 전과자라는 사실로 인해 받는 차가운 시선들과 냉대가 그들을 더 힘들게 한다.

　나는 이러한 문제를 교도관 시절 때부터 피부로 느꼈기 때문에 이 문제를 놓고 기도하지 않을 수 없었다. 그리고 얼마 전 기쁜 소식을 대하게 되었다. 사회적 기업을 추진 중인 S기업에서 일자리 창출을 위한 비영리단체를 법인으로 설립하여 운영한다는 것이다. 앞으로 출소자들이 이곳을 통해 사회에서 적응할 수 있는 길이 더 열린 셈이다. 세상 밖으로 나와도 오갈 곳이 없는 사람들에게는 더할 나위 없이 기쁜 소식이다. 그리고 그동안 나를 비롯한 여러 교도관들이 이를 놓고 오랫동안 기도했었는데, 하나님이 사회적 기업을 통해 우리의 기도에 응답해주셨다.

　또 여러모로 부족한 사람인데도 불구하고 관련자들의 강청에 의해서 그 사업의 이사장 자리를 맡게 되었다. 물론 내가 맡은 자리로 인해서 어떤 물질적인 보수가 있거나 혜택이 있는 것은 아니다. 이 사업은 돈을 목적으로 하는 것이 아니기 때문에 더욱이 목사인 내게 맡긴 것이 아닌가 싶다. 사실 이 부분을 놓고 많이 고민하면서 기도하였다. 이러다가 목회에 소홀해지는 것이 아닐까 생각도 들었지만, 그쪽에서 목회에 지장이 없도록 하겠다고 하여 기도 끝에 그 제안을 수락했다.

　풀린 자 사역은 정말 많은 사람들의 관심과 사랑이 필요하다. 이것은 종교적인 문제만은 아니다. 사실 출소자들에 대한 관심과 사랑은 국가의 정책과 종교단체들의 책임도 있다고 말할 수 있다. 선진국에 비하면 우리나라는 아직 출소자들에 대한 제도와 정부의 지원이 많이 부족하고 또 그들을 향한 국민들의 인식도 아직까지는 마음이 쉽게 열리지 않는 것이 현실이다.

우리나라 출소자 중 70% 이상이 재범자라고 한다. 이러한 문제를 해결하기 위해서라도 정부 차원의 지원이 절실하다. 수용자 한 사람을 1년 동안 수용하는 데 드는 비용이 2천만 원 가량 든다고 한다. 이런 국가의 막대한 예산을 줄이기 위해서라도 출소자 선교와 출소자들에 대한 지원책은 시급하다. 갇힌 자 선교도 물론 중요하지만 출소자들에 대한 선교도 그에 못지 않게 중요하다.

4

전도는 왜 해야 하는가?

너는 말씀을 전파하라 때를 얻든지 못 얻든지 항상 힘쓰라 범사에 오래 참음과 가르침으로 경책하며 범사에 오래 참음과 가르침으로 경책하며 경계하며 권하라 (딤후 4:2).

내가 복음을 전할지라도 자랑할 것이 없음은 내가 부득불 할 일임이라 만일 복음을 전하지 아니하면 내게 화가 있을 것이로다 (고전 9:16).

전도는 왜 해야 하는가를 생각해보기 전에 전도는 무엇인가를 생각해볼 필요가 있다. 전도는 영혼을 살리는 일이고 죄로 말미암아 죽을 수밖에 없는 영혼을 살릴 수 있는 유일한 방법이기도 하다. 안타까운 것은 많은 그리스도인들이 전도에 대한 열정이 없고 그 중요성을 깨닫지 못하는 것 같다. 물론 그렇지 않은 사람들도 분명히 있다.

수많은 사람들이 하나님께 기도할 때 자녀를 위해, 남편 사업을 위해, 좋은 직장을 얻기 위해, 멋지고 예쁜 배우자를 얻기 위해 기도하지만 정작 영혼구원을 놓고 기도하는 사람은 많지 않은 것 같다. 하나님의 관심은 그런 것들에 있지 않음에도 불구하고 말이다.

하나님은 하나님의 뜻을 이 땅 가운데 이루실 때 하나님이 직접 하시지 않고 사람을 통해서 일하신다. 그 이유는 우리도 알 수 없다. 그것은 하나님의 신비이고 주님의 사역 방법이다. 예수님이 이 땅에 오셔서 수천, 수만 명의 제자들을 세우신 것은 아니었다. 12명의 제자들을 따로 성별하여 부르시고 그들과 늘 함께 생활하셨다. 예수님이 부활하시고 승천하신 후 마가의 다락방에서 수백, 수천 명이 기도하며 기다린 것은 아니었다. 많지는 않지만 120명의 성도들이 기도하고 있었다

비록 이들은 하나님이신 예수 그리스도가 3년 동안 사역한 것에 비하면 조금 적은 인원으로 볼 수 있지만 교회는 이들을 통해 일어났고 결국 이방까지 복음이 전파되었다. 주님은 바울을 통해 이방 나라에 복음을 선포하시기로 작정하시고 그를 사용하셨다. 지금도 주님은 열두 제자와 바울의 빈자리를 채워줄 사람들을 찾고 계신다. 만약 죄악의 유혹이 가득한 이 세대에서 예수 그리스도만을 바라보고 따르는 사람이 있다면 그 사람은 바울보다, 열두 사도들 보다 더 위대한 사역을 이뤄낼지도 모른다. 지금은 죄의 유혹이 너무나 만연한 세상이다.

교회가 이 세상의 유혹을 이기고 바로 서는 방법은 오직 말씀과 기도를 통해 주님께 붙어있는 것이다. 생명의 근원이며 참 빛이신 그분께 붙어있어야 열매가 맺어진다.

전도를 하기 전 반드시 우리는 스스로 내가 과연 주님께 붙어있는지, 주님 안에 있는지 점검해보아야 한다. 전도는 하나님이 하시는 것이기 때문이다. 그 안에 생명이 없는 자가 어떻게 전도를 하겠는가? 하나님의 말씀을 제대로 알지도 못하는 자가 어떻게 눈먼 자를 인도하겠는가? 전도를 하기 전에 온전한 믿음을 내가 가지고 있는지 확인해야 한다. 그렇다고 전도는 반드시 자격과 조건이 좋은 상태에서 해야 한다는 것은 아니다. 바울은 누구보다도 복음을 열심히 증거한 사람이었다. 그러나 그는 스스로 "나는 죄인 중의 괴수"라고 말했다. 실제로 그는 그의 말대로 정말 예수님을 믿는 사람들을 잔혹하게 핍박한 사람이었다. 지금도 교도소 안에서 특히 사람을 여럿 죽인 사형수들은 나를 만날 때면 늘 하는 얘기가 전도에 관한 얘기다.

비록 그들이 정말 잔인한 살인을 했지만, 그럼에도 불구하고 주님을 그들에게 대하여 오래 참으시고 그들이 주님 품으로 돌아오게 하셨다. 그 사랑에 감격하여 최고수 형제들은 오늘도 어떻게 하면 수용자들을 예수님을 믿게 할 수 있을까 하는 거룩한 고민에 빠져있다.

이전에 지존파 형제들도 사형당하기 직전까지 비록 6개월 동안의 믿음이었지만 최선을 다해 전도하길 원했다. 이와 같이 하나님의 영이 그 안에 거하는 사람은 영혼 구원에 관한 열정이 생기게 된다. 어떻게 해서든지 주님을 증거하려고 하는 모습을 보인다. 그 열정은 죄를 향한 욕망까지도 태워버리는 힘을 가지고 있다. 바울은 그가 아들처럼 여겼던 디모데에게 "때를 얻든지 못 얻든지"(딤후 4:2) 복음을 전하라고 말한다. 전도는 주님이 우리에게 바라시는 희망사항이 아니라 마땅히 지켜야 할 지극히 큰 사명이다.

전도가 너무 힘들고 어디서부터 해야 할지 모르겠다면 당장 자신 주변에 믿지 않는 친구나 가족들을 떠올리고 그들을 놓고 기도하면서 복음을 전할 기회를 만들어라. 그렇게 하기 위해서 나의 인격에서 주님의 인격과 사랑이 느껴지도록 해야 할 것이다. 주님을 닮아가기 위해서는 주님을 더욱 알아가야 한다. 주님을 더욱 알기 위해서는 기록된 말씀을 자주 읽고 깊이 연구하며 묵상해야 한다.

다시 말해, 예수님을 가까이하면 전도는 자연스럽게 된다. 그러니 늘 주님을 가까이하자. 다른 것으로 주님을 만나려고 하지 마라. 목사님의 설교도 중요하지만 스스로 말씀묵상과 기도를 통해 주님과 교제를 나누는 시간은 그것보다 더 중요하다. 언젠가 내가 교역자회의를 하면서 우리 교회 전도사 세 분을 두고 이런 말을 한 적이 있다.

"전도하지 않으면 전도사라고 할 수 없습니다. 내가 정말 하나님의 종이라고 생각한다면 적어도 일주일에 하루는 전도해야 하나님 앞에서 부끄럽지 않을 것입니다."

이 말을 한 후 세 전도사님 모두 전도에 더욱 힘을 쓰게 되었다. 그중 한 명은 나의 딸 민영인데, 그 애는 올해 처음으로 전도사 사역을 시작하게 된 대학생이다. 딸 전도사는 한 번도 밖에 나가서 노방전도를 해본 적이 없어 처음엔 어떻게 해야 할지 고민을 많이 하는 것 같았다. 그래도 아빠가 전도사는 전도를 해야 전도사라고 하니 안 할 수도 없고 해서 딸 아이는 전도 대상자를 놓고 기도하기 시작했다.

딸이 올해 처음으로 맡은 부서는 주일학교와 청년부였다. 안타깝게도 그때 청년부는 3명이 있었고, 주일학교 학생은 한 명도 없었다. 우리 교회는 어른들은 그래도 꽤 있지만 아이들과 청년들은 너무나 적었다. 그래서 어른들이 대예배실에서 예배를 드릴 때면 딸은 아무도 없는 주일학교 예배실에서 앞으로 생길 주일학교 학생들을 놓고 기도했다. 아무도 없지만 혹시나 하는 마음으로 주일학교 설교를 준비하고, 3명의 청년들을 놓고 설교를 하며 처음으로 사역을 시작했다.

나도 이전에 교회 개척한 지 얼마 안 됐을 때 우리 아내만 놓고 설교한 적이 있었다. 설교를 하는 도중 사무실에 전화가 왔는데 이건 뭐 안 받을 수도 없고 해서 할 수 없이 아내는 전화를 받으러 갔다. 혹시라도 중요한 전화일지도 모르기 때문이다.

그러면 나는 하는 수 없이 설교를 멈추고 아내가 돌아올 때까지 기다려야만 했다. 어쨌든 설교는 하나님께 하는 것이 아니라 사람에게 들려주는 것이니까. 그런데 지금 딸 전도사가 나와 비슷한 경험을 하는 것 같아 한편으론 안타깝기도 하고 한편으론 이런 과정을 겪어야 교만하지 않고 겸손한 마음으로 사역을 감당할 수 있을 거란 생각이 들었다. 그런데 어느 날, 딸아이가 교회서 혼자 기도를 하다가 작정하고 교회 주보와 사영리 전도지를 들고 노방전도를 하러 밖으로 나섰다. 다른 전도사님들과 동행하지도 않고 혼자 나가면서 나에게 문자를 보냈다.

"아빠, 나 지금 전도하러 나가요. 귀한 열매 맺도록 기도해주세요."

나는 속으로 '얘가 낯가림도 심하고 노방전도는 처음 하는 것일 텐데 혼자 나가서 괜찮을까' 하는 생각이 들면서 대견하기도 하고 걱정이 되기도 했다. 그런데 웬일인가? 딸을 위해 기도하러 교회에 도착하는 순간 어디선가 시끌벅적한 아이들의 소리가 들리더니 우리 교회로 몰려오는 것이다. 모두 초등학생 남자아이들이었다. 이게 무슨 일인가 했더니 딸은 처음에 교회 앞 아파트에 가서 전도를 하다가 다른 곳으로 이동하던 중 갑자기 남자아이 둘이 자전거 타고 장난을 치다가 딸 아이 앞에서 넘어진 것이다.

다행히 크게 다치지 않았지만 무릎을 조금 다쳐서 울고 있었다고 한다. 그때 딸 마음속에 저 아이를 도와야 한다는 마음이 강하게 와서 그 아이를 치료하기 위해 다른 친구들에게 약을 사오게 해서 치료해주고 그 자리에서 4명의 아이들에게 전도를 한 것이다. 그때 아이들의 마음이 열려 "전도사님 교회 나도 가보고 싶어요!"라고 아이들이 말하자 딸은 기쁜 마음으로 아이들을 데리고 교회로 온 것이다. 나는 교회로 온 아이들을 위해 축복기도를 해주었다.

그리고 그다음 주일부터 아이들은 교회로 나와 예배를 드리게 되었고, 예수님을 믿지 않던 아이들이 예수님을 믿고 지금은 엄마 아빠까지 전도한 어린이도 있다. 아이들 마음속에 주님을 영접하니까 이 아이들이 가장 많이 관심을 가지는 것이 무엇인지 아는가? 이 아이들의 관심이 갑자기 전도에 쏠렸다. 누가 가르쳐서가 아니라 자신이 믿는 하나님을 다른 사람에게 알리고 싶은 것이다. 아이들은 믿지 않는 친구도 전도해오고, 주일학교는 갈수록 부흥하고 있다. 하나님은 어린 아이를 통해서도 전도를 하시는데 하물며 어른들이겠는가? 나는 딸의 성격을 잘 안다. 그 애는 초면에 다정다감한 인상을 주는 성격은 아니고 낯을 좀 가리는 편이다. 그렇지만 딸 전도사는 간절히 기도했다.

"하나님, 이곳에서 어린아이들이 주님께 예배드리는 날이 오게 해주세요."

하나님은 그 간절한 기도를 들으시고 비록 전도의 경험이 없지만 딸 전도사를 통해 귀한 어린 영혼들을 주님께 돌아오도록 인도하셨다. 그리고 지금은 그 아이들을 통해 새로운 영혼들을 돌아오게 하셨다. 그래도 나는 가끔 딸이 교만해질까봐 이렇게 말한다.

"하나님이 하신 거니깐 자랑하지 말고 조용히 최선을 다하렴."

내가 딸 얘기를 하는 것은 자랑하려고 하는 것이 아니라, 하나님은 영혼을 품고 기도하는 사람에게는 반드시 그 기도를 들어주신다는 것을 말하고 싶어서이다. 물론 그 열매를 거두는 때와 시기는 각자 다르다. 어떤 이는 죽기 전에 결신하는 자가 있고 어떤 이는 생각지도 않게 복음을 듣자마자 바로 믿는 사람도 있다.

그래서 우리는 전도 대상자를 놓고 기도하되, 때를 얻든지 못 얻든지 복음을 자꾸 전해야 한다. 기도만 한다고 해서 그 영혼이 믿음을 가지는 것은 아니다 누군가는 복음을 전해야 하고 그가 돌아올 때까지 인내를 가지고 가르치고 권면해야 한다. 이것이 바로 주님이 원하시는 그리스도인의 삶이다.

5

으뜸사랑교회와 교정선교

　으뜸사랑교회와 교정선교는 동전의 양면과 같다. 이 둘은 나눌 수 없는 불가분의 관계다. 교정선교를 하기 위해서는 교회가 있어야 하고 교회는 선교를 위해 존재한다. 교회를 섬김으로 목사의 영적 관리는 물론 처음 가졌던 마음을 잃지 않을 수 있었고, 교정선교에 필요한 비용도 교회재정에서 지원이 되었기에 지금까지 교정선교를 해오고 있는 것도 사실이다. 또 어떤 분은 목회와 선교, 둘 중에 어느 곳에 더 비중을 두느냐고 묻는 분도 계시는데 나는 굳이 그렇게 나눌 필요가 있을까 생각한다. 목회도 선교도 모두 하나님의 일이고 우리가 해야 할 일이며 어느 부분이 더 중요하고 덜 중요하다고 말할 수도 없다.

　사실 교정선교를 하고 있기에 쉬는 날도 없고 다른 목회자들보다 더 분주하고 많은 시간을 구치소에 들어가서 시간을 보내기 때문에 소속노회 모임이나 시찰회 모임에도 자주 빠지곤 한다. 교정선교가 교회에 어떤 도움이 되냐는 질문에 나는 이렇게 답해줄 수 있다.

"교정선교의 도움보단 오히려 교회로부터 많은 도움을 받았고 그래서 특별한 후원자 없이 지금까지 교정선교를 해오게 된 것이다."

지금까지 우리 으뜸사랑교회는 전체 예산의 20% 이상을 매년 교정선교비로 지출하고 있다. 그리고 목회자의 스케줄을 보면 선교지(구치소)에 있는 시간이 많다.

월요일은 구치소 여사예배, 화요일은 남사예배, 저녁은 구치소직원 신우회 월례예배 및 기도회, 매주 월요일엔 최고수(사형수) 성경공부, 그 외에도 문제수용자 상담, 지방교도소 순회예배를 드리고 있다. 이전에는 경비교도대 대원들과 함께 화요일마다 예배 및 성경공부도 했었는데 2012년 이후 경비교도대는 해단되었다.

교정선교는 누가 시켜서 혹은 강요해서 하는 일은 아니지만 그러나 누군가는 해야 할 일임은 틀림없다. 과거에는 최고수들도 두세 사람을 함께 모아놓고 성경공부를 하기도 했는데 요즘은 따로 요일별로 한 사람씩만 하도록 하기 때문에 구치소에서 더 많은 시간을 보내야 한다. 그래서 때로는 우리 교회 성도들 중에 담임목사가 시간과 물질을 너무 많이 교정사역에 투자한다고 말하는 분도 있었다.

사실 내가 목사가 된 것은 교도소선교 때문이다. 젊은 시절 교도관이 되어 복음을 전하다 보니 신학을 하게 되었고 결국 목사임직을 받고 교정선교를 위해 구치소 근처에 교회를 개척하게 되었다. 그래서 둘 중 어느 사역도 포기할 수 없고, 어느 한쪽이 더 중요하다고 볼 수도 없다. 그러나 개인적으로 교정선교는 교회를 은퇴한 후에도 계속할 생각이다.

교정선교는 모든 것을 가져다주는 선교다. 사실 돌아오는 것은 원망과 불평뿐이다. 최고수가 출소해서 교회를 섬길 일은 없고, 일반 수용자들도 형기를 마치고 출소해도 자신의 수치나 전과를 아는 사람을 피하고 싶은 것이 사실이다. 그래서 교정선교와 교회부흥은 정말 무관하다. 그러므로 교정선교를 하면서 어떤 반대급부를 바란다면 잘못 생각이다. 모든 선교가 그렇겠지만 교정선교 또한 어렵고 외롭고 힘든 선교다. 구치소나 교도소를 몇십 년을 다녀도 언제나 손님처럼 대할 수밖에 없는 것이 교정행정지침이다.

그나마 나는 교도관으로 근무를 했었기에 누구보다 교정선교를 하는 데 좋은 배경과 노하우를 갖고 있는 것도 사실이다. 교정선교는 누가 하고 싶다고 해서 아무나 할 수도 없다. 또한 넉넉한 물질만 가지고 하는 일도 아니다.

교정선교를 하기 위해서는 정말 갇힌 자들의 영혼을 남다르게 사랑하는 마음이 있어야 한다. 아무리 흉악한 살인자라도 그 죄는 밉지만, 죄를 지은 사람의 영혼은 우리가 사랑해야 한다. 그래야 그의 영혼을 위해 진실한 기도와 헌신을 할 수 있기 때문이다.

하나님은 나에게 특별히 옥에 갇힌 자의 영혼을 사랑하는 마음을 주셨다. 그래서 그들의 심정을 누구보다 잘 알고 있다. 그리고 또 나에게 교정선교를 위해 함께 기도할 수 있는 성도들과 물질을 후원하는 교회를 주셨기에 외부의 큰 도움 없이 지금까지 자비량으로 선교를 할 수 있었다. 그러므로 "어느 사역이 더 중요하냐"는 말과 "어느 것 하나를 포기하면 안 되느냐"는 말은 반갑지 않다.

교정선교를 하다 보면 때로는 상담을 해야 할 때도 있고, 일주일에 한 번 정도 하는 총집교회가 있고, 최고수나 문제수들을 개인적으로 만나서 양육하는 개인교회가 있다. 우리 으뜸사랑교회는 예장 합동정통 교단 서서울노회에 소속된 교회이지만 교정선교를 위해 일부러 서울구치소에서 가까운 안양시 소재 인덕원에 교회를 개척하여 교정선교에 관심을 갖고 헌신하는 성도들과 한가족처럼 교회를 섬기고 있다.

어떤 분은 교정선교를 하면 교정직원(교도관)이나 출소자들이 와서 교회가 많이 부흥되느냐고 물으시는데 그렇지 않다. 최고수(사형수)가 출소를 해서 교회에 나와 봉사할 일도 없고 일반 수용자들도 자신의 수치스러운 부분을 아는 목사를 찾아오지 않는다. 그저 교정시설에 들어와 예수님을 믿고 구원받은 것에 감사하고 출소를 해서 어느 곳에서나 지속적으로 신앙생활을 잘해주길 바랄 뿐이다. 반대급부를 바라면 교정선교는 오래 못한다. 늘 주어도 끝이 없고 받는 이들 역시 욕구충족이 안 되는 사역이 교정선교다. 감사보다는 불만과 원성과 책임을 떠안아야 하는 힘든 사역이다.

몇 년 전 한 형제가 신용카드 사기죄 1년 6월을 복역하던 중, 구치소 안에서 세 차례나 자살기도를 했었다. 구치소 생활지도계 부탁으로 몇 번 만나서 상담도 하고, 우리 교회 문서선교부에서도 수시로 그 형제에게 편지도 해주고, 필요한 곳에 쓰도록 영치금도 넣어주곤 했다. 그리고 만기 출소일이 되었는데 그는 건강도 좋지 않고 가족도 없고 갈 곳도 없었다. 게다가 교무과(사회복귀과) 직원 부탁도 있고 해서 우선은 자립해서 나갈 때까지만 교회에서 숙식을 하며 지내라고 허락을 해주었다. 사실 교회에 혼자 두는 것도 불안하고, 식사를 챙겨주는 것도 쉬운 일은 아니었다. 여자 성도님들 역시 불편해 하는 눈치였다. 그렇다고 빨리 직장을 구해 나갈 것 같지도 않았다.

하는 수 없이 주변 고시원으로 거처를 옮겨주기로 하고, 옷가지가 들은 가방 하나를 챙겨 들고 고시원으로 갔다. 주인을 만나서 선불 25만 원을 주고 앞으로도 고시원 사용료는 목사인 제가 챙겨줄 거라고 약속을 하고 돌아왔다. 사실 그는 주민등록증도 없다. 이미 오래 전에 주민등록이 말소가 되었다는 것이다. 아무런 보증할 만한 근거가 없었기에 나는 보호자 아닌 보호자가 될 수밖에 없었다.

어느 날은 그가 내게 와서 검찰청에서 온 독촉장을 보여주면서 이것을 내지 않으면 자신은 또 수배자가 되어 활동을 못하게 되고 취직도 못하게 된다고 말했다. 벌금 액수는 35만원 이었다. 그는 이번 한 번만 내주면 취직을 해서 꼭 갚아 드리겠다고 했다. 사실 나는 받을 것은 생각지 않았지만 그것 때문에 활동을 못하게 되고 구속이 되면 되겠나 싶어서 내 주기로 하고 검찰청에 같이 가자고 했더니 본인은 붙들릴 수도 있으니 목사님 혼자 다녀오라고 했다. 추운 겨울 날씨지만 직접 서울북부지청까지 가서 벌금을 내주었다. 고시원 사용료도 교회를 나오면 그의 편에 보내곤 했다. 그는 얼마 후 점점 교회를 등

한히 하기 시작했다. 주일예배 시간도 늦고 어떨 때는 몸이 많이 아프다며 주일예배를 가끔 빠지기도 했다.

2개월 후 고시원 주인에게서 전화가 걸려 왔다. 정○이가 여러 사람들에게 사기를 치고 고시원 사용료도 주지 않고 도망갔다는 것이다. 참으로 황당하고 배신감을 느꼈다. 피해액은 생각보다 많았고 이곳저곳에서 일파만파였다. 고시원에 같이 있었던 어떤 사람은 고시원에 머물며 어렵게 모아놓은 제법 큰 돈을 빌려주었다는 것이다. 그래서 고소를 하겠다며 보호자가 책임을 지라고 나에게 말했다.

이곳 외에 또한 교회 내에서도 그냥 불쌍해서 몇만 원씩 준 사람도 많았고 또 취직하면 주겠다고 해서 여러 사람에게서 10만 원, 20만 원, 30만 원 빌려가곤 했다. 또 우리 교회 청년회 회장은 자신의 명의로 핸드폰까지 만들어줘서 수십만 원의 요금이 나오기도 했다. 교회에서 교정선교를 하는 담임목사의 입장에서 피해를 본 성도들을 보며 너무 난처하고 미안했다. 전직 교도관으로 누구보다 수용자들의 심리를 잘 알 것 같으면서도 이렇게 알면서도 속고 모르고도 속는다. 어떻게 그 사정들을 다 말할 수 있겠는가! 모든 수용자가 다 이렇게 배은망덕한 것은 아니지만 배신감을 느낀 적도 종종 있었고 교정선교를 포기하고 싶은 적도 수차례 있었다.

교정선교는 뭔가를 기대하면 실망이 크다. 아무런 조건도 반대급부도 없이 갇힌 영혼들의 영혼을 사랑하는 맘으로 나가고 그들이 예수님을 믿고 구원받고 재범을 하지 않으려고 몸부림을 치고, 믿음으로 살려는 모습을 보면 위로가 되기도 한다.

또 한 사람을 더 소개하겠다. 이 사람의 이름은 거명할 수 없지만 20년 동안 만났던 사람이었지만 지금은 정말 안 만나고 싶은 사람이다. 이 사람을 만나게 된 것은 오래전 이미 사형장에서 형이 집행된 한 사형수가 자기가 아는 사람이라며, 성경을 사서 꼭 넣어주라는 부탁을 받고, 성경을 사서 넣어준 것이 인연이 되어 만나게 된 50대 후반의 남자다. 이 사람은 무전취식으로만 전과가 20개가 훨씬 넘고 교도소 안에서만 30년 이상을 산 사람이다.

이 사람은 구치소나 교도소를 들어가면 믿음으로 살려고 무지 애쓰는 모습을 보인다. 그런데 교도소에서 나오기만 하면 다시 원점으로 돌아간다. 내게 각서도 여러 번 썼고, 약속도 해보지만, 술만 먹으면 보이는 게 없다. 돈도 없으면서 음식을 시켜 먹고, 돈을 달라 하면 기물을 파손하고, 식당주인을 폭행하고, 출동한 경찰관의 뺨을 때리기도 하고, 침을 뱉고, 파출소 기물을 부수는 등 무전취식에 폭력, 공용물손괴, 공무집행방해까지 다양한 죄명으로 구속되곤 한다.

어느 날 새벽 2시 전화가 걸려온다.

"아무개의 보호자 되시지요?"

빨리 안 오시면 구속시키겠다고 해서 가보니 노래방이다. 여성 노래 도우미를 불러서 노래를 하고 술을 마시고 계산할 금액이 53만 원이 나온 것이다. 나는 노래만 부르는데 어떻게 하룻밤에 53만 원씩이나 되냐고 주인에게 물었더니 그가 도우미를 부르고 술을 마셨다고 한다. 그래서 나는 노래방에서 술을 팔 수 있느냐고 물었다. 그러자 그 주인이 그러면 노래방 비용 28만 원을 내고 가라고 해서 나는 그 형제 대신 돈을 내주고 구속을 면한 적이 있다.

또 어느 날은 그가 출소를 해서 교회로 찾아왔다. 나와서 야채 장사를 하려고 하는데 리어카도 사야 하고 자금이 50만 원이 필요하다고 했다. 어떻게든 재범을 하지 않고 살게 하려고 교회의 어려운 재정에서도 50만 원을 만들어 주었다. 며칠 동안 소식이 없었다. 나중에 알고 보니 그는 그 돈을 그날 술집에 가서 하룻밤에 다 탕진 한 것이었다. 이럴 땐 정말 그가 인간이기를 포기한 사람 같았고 다시는 만나고 싶지 않다고 생각했다.

뻑 하면 경찰서에서 형사들을 통해서 전화를 해서 합의를 종용하기라도 하면 피해자를 찾아가 원만히 합의하고 법원에 합의서를 제출한 적도 여러 번이다. 어떨 때는 구치소 직원들을 통해서 접견을 오라고 전화를 하기도 한다. 목사도 사람인지라 괘씸한 맘이 들어서 면회가 늦어지면, 편지로 험한 비난의 말들을 편지로 보내온다.

"네가 목사 맞느냐? 신학은 똑바로 한 것이냐? 입술로만 사랑하느냐?"

어느 땐가는 편지를 받은 다음 날 너무나 화가 나서, 그 편지를 들고 구치소로 가서 과장님께 보여 드린 적이 있다. 관계직원 말에 의하면, 요즘 단식을 하고 있고, 감방출입문을 발로 차고, 자해도 한다며 직원이 많이 힘들어 하는 모습이었다.

교무과(사회복귀과) 상담실에서 그를 만났다. 만나자마자 하는 말이 이렇다.

"목사님 정말 죄송합니다. 그런 편지를 보내지 않으면 목사님이 안 오실 것 같아서요! 다시 실수하고 이곳에 오면 전 목사님 아들이고 목사님이 절 다시는 안 보신다 해도 좋다고 하고 목사님께 각서도 세 차례나 써드렸는데, 목사님이 안 오실 것 같아서 일부러 그렇게 편지를 썼습니다".

참 기가 막혔다. 울어야 할지? 웃어야 할지?

정말 속이 상하고 배신감을 느꼈다. 약속을 밥 먹듯이 어기고, 아쉬울 때마다 도움을 청하는 극단적 이기주의인 그가 미웠고, 그럴 때면 정말 교정선교를 그만두고 싶었다. 그러나 나도 모를 것이 또 얼마가 지나고 나면, 그 미운 마음은 사라지고, 그 영혼이 불쌍한 맘이 들어 다시금 그를 찾아 영치금품도 넣어주고, 이렇게 알면서도 속아 지내온 세월이 35년째이다. 모든 수용자가 다 그런 건 아니지만 정말 어려운 복음 전도 대상자들도 많이 본다.

6

종교부지 추첨과 하나님의 도우심
"목사와 승려의 대결"

우리 으뜸사랑교회는 1997년도에 의왕시 포일동 473-1번지(현 서울구치소 앞)에 성전을 건축하려고 324평의 부지를 마련했다. 그리고 그곳에 성전을 건축하려고 백방으로 노력을 했지만 허가를 받지 못했다.

그래서 그곳에 허름한 무허가 건물이지만 2003년 4월 26일 입당예배를 드리고 그곳에서 불우한 이웃들을 위해서 하루 1인당 쌀(1kg)과 라면 2봉지를 나눠주며 출소자들과 불우한 이웃들이 와서 입던 옷을 벗어놓고 본인에게 맞는 옷을 골라서 갈아입고 가는 "산타하우스"도 운영하며 재미있게 목회를 해오던 중 결국 2005년 국책사업으로 그곳에 임대주택건설을 위한 택지개발단지로 공시가 되고 결국 2007년 강제 수용되어 공시지가보다 조금 상회한 보상을 받고 나와야 했다. 만약 이의를 제기하면 나중에 종교 부지를 신청할 자격을 상실한다는 공문이 있었기 때문이다.

 그래서 우리는 제대로 보상도 받지 못한 채 그 곳을 비워주고 상가 건물로 예배당을 이전하게 되었다. 상가 건물로 와서 보니 매월 건물 임대료와 관리비 등등 지출이 너무 많아 매월 교회재정은 적자다.

 대한민국은 사회주의나 공산주의가 아닌 민주주의 국가다. 그럼에도 불구하고 성전을 건축하려고 오래전에 매입하고 기도한 종교 부지를 국책사업이란 명분으로 강제수용하고도 종교 부지를 확실하게 준다는 보장도 없다. 개발 전 종교시설은 4곳이었지만 택지 개발한 아파트 단지 내 종교부지는 3곳으로 설계되어 있어서 한 곳은 추첨을 통해서 고배를 마셔야 한다는 것이다. 종교 부지를 늘려 달라고 이곳저곳에 탄원서를 내고 해 보았지만 허사였다. 이유는 건설되는 세대수에 비례한다는 것이다. 3000세대가 조금 부족하다. 그래서 종교 부지가 3곳밖에 될 수 없다는 것이다.

 불안한 마음에 보상받은 돈으로 대토를 구입해보려고 이곳저곳을 찾아봤지만 개발 붐을 타고 주변 땅값은 천정부지로 올라 우리가 보상받은 가격에 4, 5배까지 올라 있어서 엄두를 낼 수 없어 결국 포기하고 지금까지 보상금을 은행에 넣어 놓고 기다렸던 것이다.

 더 억울한 일은 1억에 가까운 양도소득세를 내야 한다는 것이다. 왜냐하면 우리 교회는 비영리법인 종교시설이면서도 사업자 고유번호가 89로 되어 있기 때문이라고 한다. 82로 되어있어야 세금을 면제받을 수 있다는 것이다.

 처음 교회를 설립할 때 세무서에 신고할 때도 그런 내용을 설명해

주지도 않았을뿐더러 세무서에서 발부해주는 고유번호증에도 '수익사업을 하지 않는 비영리 법인'이라고 똑같이 적혀 있었다. 89번과 82번이 다르다는 이유로 국세심판원까지 갔지만 결국 지방세(주민세) 포함 1억이 다 되는 세금을 내야 했다.

국가는 국책사업이라는 명분으로 사유지를 강제로 수용하고, 국가는 양도소득세까지 받아갔다. 한때는 너무나 억울해서 얼마 동안은 밤에 잠을 이루지 못하고 이민을 가는 젊은 사람들이 이해가 되었다. 앞으로 교회를 개척하는 동역자들은 이점을 유념하여 교회재정에 손해가 없도록 해야 할 것이다.

이후 2010년 9월 10일 금요일 오전 10시 종교부지 추첨일이 잡혔다고 LH공사(한국토지주택공사)에서 연락이 왔다. 얼마나 기다린 날인가! 97년에 성전부지를 매입하고 14년째 기도해왔다. 특별히 종교부지 추첨일이 잡히고 난 후에는 하루 두 번씩 시간을 정하고 금식하며 기도하였다.

구치소 선교회 직원들 역시 출근하면 함께 모여 뜨겁게 기도해 주었고, 최고수(사형수)들과 우리 교회 성도들의 그동안 기도의 결실을 보는 날이기도 하다. 구치소 수용자들과 최고수들은 감방 안에서 교회 십자가를 보고 새벽예배를 함께 드리게 해 달라고, 그곳에 꼭 성전이 건축되게 해달라고 많은 기도를 해왔다. 추첨 며칠 전 월요일 최고수(이진철) 성경공부를 끝내고 성전부지 확보를 위해 함께 기도하였다. 기도가 끝난 후 기독교 담당인 염주임이 이렇게 물었다.

"목사님 기도하는 중에 이런 환상을 보았는데 얘기를 해도 되겠는지요?"

그는 환상을 본 건 오늘이 처음이라고 말했다. 그래서 해석은 내가 할 테니 말 해보라고 하였다.

"목사님이 어떤 상자 속에서 줄을 꺼내는데 처음은 불교를 상징하는 마크가 달려 올라오고 줄을 계속 당기니 이번엔 십자가가 달려올라 왔습니다."

그 말을 들은 후 나는 이렇게 해석하였다. 불교 마크가 먼저 올라온 것은 추첨을 두 번 하게 되는데 처음 추첨 순번은 승려가 앞번호를 뽑을 것이고, 나중에 십자가가 달려올라 온 것은 두 번째 종교부지 확정은 내가 앞번호를 뽑게 될 것이라고 믿음 안에서 감히 해석을 해보았다. 그 이후 내 마음은 전혀 두려움이 없고 맘이 평안하고 확신에 찼고 너무나 기뻤다. 그날 아침 기도 시간에는 이렇게 기도했다.

"만군의 여호와의 이름으로 나아갑니다. 지극히 높으신 하나님의 이름으로 나아갑니다. 예수님의 이름으로 나아갑니다. 이 우수(오른손)에 복을 주소서! 그곳에 모인 모든 자들에게 하나님이 살아계심을 보이게 하소서!"

성도들은 성전에서 기도를 하게 하고 시간이 되어 교회 남자 집사님 두 분과 LH공사 사무실에 도착했다. 엘리베이터를 타고 2층에 도착하니 우리 상대인 듯한 승려는 승복을 곱게 차려입고 가지런히 두 손을 모으고 앉아 있었다. 나는 대기실에 들어가서 인사했다.

"안녕하세요."

내가 손을 내밀자 그는 자리에서 반쯤 일어나 악수를 하였다. 잠시 후 그와 함께 그냥 있기가 어색해 나는 정수기에서 물을 한 잔 받아 마셨다. 얼마 후 LH공사 직원 세 사람이 손에 하얀 플라스틱 상자 하나와 아라비아 숫자가 적힌 노란 탁구공 12개를 가지고 들어왔다. 그 자리에서 LH공사 직원은 이 추첨에 대하여 설명을 하였다.

"지금부터 제 설명을 잘 들으세요. 1부터 12까지 탁구공에 숫자가 쓰여 있고 숫자 중 숫자가 빠른 탁구공을 뽑는 분이 종교부지가 확정됩니다. 두 번 추첨을 할 텐데 첫 번째 추첨은 추첨 순번을 정하기 위한 추첨이고, 두 번째 추첨이 종교부지가 선정되는 추첨입니다. 그러면 이 추첨에 대하여 이의를 제기하지 않겠다는 각서 내용을 읽어보시고 싸인 하시고 날인을 하여 주시기 바랍니다."

추첨에 대한 각서를 쓰고 나니 LH공사 차장이라는 사람이 종교부지 추첨에 관한 개요를 설명했다. 다시 담당 직원은 하얀 플라스틱 상자를 들어서 안을 들여다보도록 확인시켜 주고, 노란 탁구공 12개를 1번부터 12번까지 순서대로 하나하나 확인시키며 상자에 넣었다.

"그러면 지금부터 종교부지 추첨을 하도록 하겠습니다. 그럼 가나다순에 의하여 김 목사님께서 먼저 순번 추첨을 해 주시지요."

기도하는 마음으로 상자 안에 손을 넣어 탁구공 하나를 꺼내어 직원에게 건넸다. 직원은 11번이라고 두 사람을 보며 확인시켜 주었다. 나는 순간 마음이 참 편안해지고 기뻐하며 속으로 생각했다.

"주님 감사합니다! 며칠 전 환상대로 되어가고 있군요."

"그럼 이번에는 스님이 추첨해 주시지요."

승려 역시 탁구공 하나를 꺼내어 LH공사 직원에게 건네주었다. 5

번이었다. 직원은 이번에도 똑같이 탁구공을 두 사람에게 확인시키자 나는 고개를 끄덕였다.

"그럼 스님 번호가 빠르니 종교부지 선정 추첨은 스님이 먼저 추첨하여 주시지요."

승려는 손을 깊이 넣고 탁구공 하나를 꺼내어 직원에게 주었다. 11번이었다. 직원은 "11번입니다"라고 하며 두 사람에게 확인시켜주었다. 승려의 표정은 붉게 상기되었다. 순간 나는 12번만 안 뽑으면 된다는 생각이 들었다. 나도 깊이 손을 넣고 탁구공을 찾았다. 큰 상자 안에 탁구공은 상자 벽 쪽에 붙어 있었다. 손에 잡히는 하나를 꺼내어 공사 직원에게 건네주었다. 직원은 "1번이네요. 1번!" 하며 확인을 시켜 주었다. 순간 나는 작은 소리로 말했다.

"주님, 감사합니다."

옆에 지켜보던 우리 집사님 한 분은 너무 기뻐서 손뼉을 쳤다. 잠시 후 승려의 궁색한 한마디를 내뱉었다.

"1이나 11이나 같은 1인데."

조금 후 그는 법적 대응을 할 테니 공사 직원에게 각서를 복사하여 달라고 하자, 공사 직원은 그렇게 하시라고 하며 복사를 하러 간 순간에 승려는 여러 변명들을 늘어놓는다. 처음에 나는 패자의 억울함을 생각하여 조용히 들어 주었다. 듣다 보니 너무 지나친 것 같아, 내가 한마디 끼어들었다.

"스님, 우리는 성직자입니다. 성직자는 어떤 상황에 이르던지 다른 사람들이 지켜보는 가운데 성직자다워야 하지 않나요?"

그러자 그는 주춤하는 듯하였다. 반대편에 앉아 있던 우리 채 집사님이 나에게 더 이상은 아무 소리 말라고 액션을 보내왔다. 공사 직원이 나와 복사한 서류를 건네며 말했다.

"스님, 돌아가셔도 됩니다. 수고하셨습니다."

승려는 승려는 상기된 얼굴로 돌아섰다. 내가 다가가서 "스님, 건강하세요"라고 악수를 청하자 마지못해 악수를 하고 그는 출구로 동행인들과 함께 나갔다.

나는 동행한 집사님들과 사무실에 남아, 며칠 전 주신 환상 속의 응답의 확신을 갖고, 미리 준비해간 서류로 종교 부지를 신청하고 교회로 돌아와 교회서 기도하고 있던 성도들과 함께 하나님의 은혜와 기쁨을 나누며 점심을 맛있게 먹었다. 그날에 기도응답의 기쁨과 통쾌함은 성경 속 갈멜산의 기적을 맛본 것 만큼이나 행복했다.

7

으뜸사랑교회 새 예배당 건축
"3년에 걸친 고난 속에 이룬 건축"

사찰이 세워질 뻔한 종교부지에 하나님의 은혜로 동화 속 그림 같은 예쁜 예배당이 세워졌다. 으뜸사랑교회는 1994년에 안양 인덕원 전철역 2번 출구(성남 방향)에 개척하여 올해로 21년이 되는 작은 교회이다. 전직 교도관 출신으로 교정선교의 비전을 갖고 소속한 노회는 서서울 노회이지만 교정선교를 위해 서울구치소 근처에 개척한 것이다. 하나님의 은혜로 개척한 교회와 구치소 중간지점(의왕시 포일동)에 1998년 성전부지를 하나님의 도우심으로 기적적으로 성전부지를 마련하고 건축을 위해 십수 년 동안 기도해 왔다. 이 작은 예배당이 세워지기까지는 많은 고난이 있었지만 때마다 주님의 역사하심으로 기적처럼 해결되곤 했다.

국영기업인 토지주택공사에서 분양한 종교부지 약 370평 매입가

격은 약 27억 원이었다. 우리 교회로서는 도저히 감당할 수 없는 금액이었다. 우리가 소유했던 성전부지가 강제 수용되고 보상가격은 약 7억 원에 불과했고 국가에서 필요로 하여 강제로 수용하고도 국세 및 지방세를 부과하여 1억 원에 가까운 세금을 내고 나니 남은 돈 6억 정도로 27억을 감당하기에는 너무도 어려운 상황이었다. 작은 상가교회에서 성도들도 많지 않은데 27억 원이란 돈은 우리에게 너무 큰 돈이었다. 정말 하나님의 도우심 밖에는 기대할 곳이 없었다.

그러나 현실적인 문제 앞에 가만히 있을 수 없었다. 하는 수 없이 우리는 재직회를 통해 대출을 받기로 결정을 했고, 19억 원이란 큰 금액을 은행에서 대출받았다. 대출은 받았지만 문제는 대출금에 대한 이자였다. 약 1,000만 원에 달하는 금액을 매월 대출이자로 은행에 입금해야만 했다. 만약 교회가 이자를 감당하지 못한다면 하나님의 은혜로 어렵게 받은 성전부지가 경매로 넘어 갈 수도 있는 상황이기 때문이다.

우리는 으뜸사랑교회가 "주님이 주님 되심을 보여주는 교회"가 되게 해달라고 기도했다. 감사하게도 우리 으뜸사랑교회는 지금까지 단 한 번도 대출금 이자를 하루도 밀린 적이 없었다. 하나님은 우리의 부족함을 오히려 하나님의 능력을 나타내는 것에 사용하셨다. 전국에 있는 담 안에 있는 형제, 자매들과 전국교정시설에 근무하는 신우들이 어려운 형편 가운데서도 우리 교회로 건축헌금을 보내주었다. 지금도 이들을 생각하면 눈물겹다. 그 어떤 예물보다 이들이 보내주는 예물이 더욱 귀하게 느껴졌다.

그리고 언젠가 이화여대 교수진들이 드리는 예배에 설교하기 위해서 간 적이 있었다. 나는 그곳에서 교도소선교에 대한 간증을 하였는데, 며칠 후 교수님들로부터 건축헌금이 들어왔다. 적지 않은 금액이었다. 정말 하나님은 세밀하게 우리를 도우시고 인도하시는 분이심을 다시 한 번 느꼈다. 예배당 부지당첨이 기적적으로 된 후 우리는 예배당 건축을 위해 많은 기도를 했다. 그러나 하나님은 한순간 침묵하셨다. 하나님이 침묵하시는 동안 우리는 답답하기도 하고 우리가 기도가 너무 부족해서인가 하는 많은 생각이 들었다.

결국 재직회에서 우리 교회는 성전부지를 유지할 수도 없고 또 예배당을 건축할 수도 없는 상황임을 인정하고 성전부지를 매각하기로 결정을 내렸다. 모두가 마음은 아프지만 당장 현실적인 문제 앞에 어쩔 수 없는 선택이었다. 어떻게 얻은 부지인데…. 강제로 수용되었다가 다시 분양받은 땅이었기에 마음이 더 아팠다. 정말 하나님의 영광을 위해, 교도소선교를 위해 사용하고 싶었지만 우리의 형편과 사정으로는 감당할 수가 없었다. 나는 태어나 처음으로 돈이라는 것이 이렇게 사람을 힘들게 한다는 것을 온몸으로 느꼈다. 17년 동안 기도해온 종교부지였다. 그러나 얻고서도 현실적으로 감당할 수 없어서 결국 매각하기로 결정한 것이다. 그런데 이것이 웬 말인지? 부동산 사장이 나에게 전화를 걸어 이렇게 말한다.

"목사님, 그 종교부지는 으뜸사랑교회 것입니다. 아마 팔리지 않을 것입니다."

나는 어안이 벙벙했다. 정말 그 사장님의 말씀처럼 성전부지가 하나님의 뜻이었는지 매각되지 않았다.

　우리는 이러한 상황을 보며 무엇이 하나님의 뜻인지 정말 알 수가 없었다. 그러던 중 교회로 세금 통지서가 왔다. 종교부지를 분양받은 이후 3년 이내에 건축을 하지 않으면 감면받은 취득세 수억 원을 납부해야 한다는 것이었다. 이젠 교회를 짓지 않으면 안 되는 상황이 되었다. 그리고 얼마 안되어 우리 교회에 새로운 조ㅇㅇ 성도님이 나오셨다. 우리는 이분이 예배당을 건축하시게 될 줄 꿈에도 몰랐다. 이분은 믿음생활을 하지 않는 분이었고, 어머니와 형님은 일찍이 믿음을 가지셨던 분이라고 한다. 그런데 이분 어머니의 소원이 아들이 예수님을 믿고 교회 건축하는 것이라고 말하는 것이다.

　사실 당장 우리 교회는 예배당 건축을 할 수 있는 여력이 없었다. 그런데 조ㅇㅇ 성도님이 자신의 돈을 먼저 투자하겠으니 빨리 예배당 건축을 하자고 하시는 것이다. 결국엔 하나님의 인도하심 따라 조ㅇㅇ 성도님이 예배당을 건축하게 되었고 우리는 그렇게 믿음으로 예배당 건축을 시작했다. 여러 가지 고비를 넘기면서 2013년 12월 31일 드디어 교회 지붕이 덮이고 십자가를 세웠다. 그리고 2014년 5월 6일 입당예배를 드리면서 하나님께 감사와 영광을 올려 드렸다. 예배당을 건축한 조ㅇㅇ 성도님은 세례를 받았다.

　주변 사람들은 어려운 교회가 어떻게 저런 아름다운 예배당을 건축했냐고 물어보면 "하나님이 하셨습니다"라고 우리 모두는 대답한다. 그렇다. 우리 으뜸사랑교회 예배당은 하나님이 지으신 예배당이다. 아무것도 없는 우리를 통해 하나님이 역사하셨고, 순간순간 돕는 사람들을 많이 붙여주셨다.

우리 교회가 이토록 하나님의 도우심을 많이 체험한 이유는 다른 것이 아니고 바로 "지극히 작은 자"(마 25:40)를 돌보라는 주님의 명령에 순종했기 때문이 아닐까 생각한다.

으뜸사랑교회 새 예배당

옥중서신 8

　담장 너머로 보이는 먼 산에는 하루가 다르게 푸르름이 산을 타고 오릅니다. 군데군데 등불을 켜 놓은 듯 벚꽃이 환히 피어 있는 계절의 여왕 5월입니다.

　어머니! 그동안 평안하셨습니까? 어머님의 건강과 집안의 평화를 하나님이 지켜주실 줄 믿고 기도드리고 있습니다. 이곳 불효자도 주님의 은혜와 어머니의 사랑과 기도 덕분에 별 탈 없이 그 모습 그대로 잘 지내고 있습니다.

　사람들은 4월을 잔인한 달이라고 하고 5월을 계절의 여왕이라고 하는데 제겐 5월이 잔인한 달로 다가옵니다. 가정의 달이라는 말을 들을 때마다 어머니와 가족들 생각에 가슴앓이를 합니다.

　그 옛날, 어머니는 한겨울에도 집 앞에 있는 연못 얼음을 깨시고 변변한 고무장갑 하나 없이 벌겋게 언 손으로 대식구의 빨래를 하셨습니다. 그리고 어머니는 동생을 둘러업으시고 칭얼거리는 저를 달래며 손수레에 사과를 한가득 싣고는 고개 넘어 팔러 다니셨습니다. 또 여자는 상 위에서 먹는 법이 아니라시며 바닥에 밥을 내려놓고 드시던 어머니이셨습니다.

　야속한 아버지는 술만 드시고 주정으로 어머니를 모질게 때리셨죠. 어머니는 그 모진 고통의 세월에 질긴 속병까지 얻으셔서 늘 아파하셨는데 이젠 원수 같은 아들이 어머니 가슴에 대못을

Love Is More Powerful Than Violence

　박고 말았습니다. 숨조차 제대로 못 쉬시는 어머니를 생각하면 제 발등을 찍고 싶은 심정입니다.

　아무리 어리석어도 사람의 탈을 쓰고는 도저히 할 수 없는 패륜…. 모자라도 한참 모자란 제가 그때는 그 길만이 우리 가정의 행복을 지키는 줄 알았습니다. 그런데 얼마 지나지 않아 돌아보니 그건 너무나 큰 착각이었고 남은 가족들에게 씻을 수 없는 상처였다는 것을 깨달았을 땐 이미 엎질러진 물이었습니다.

　열 번 백 번 죽어도 싼 놈이 최고형을 받아 가슴에 붉은 수번을 달고 10년이라는 세월 동안 사형수로 인생 벼랑 끝에 매달려 있을 때 어머니께서 칼날 위에서 죽음보다 더한 고통을 얼마나 겪고 계셨을지 그 심정을 저는 아직도 이루 다 헤아리지 못합니다. 지난 2002년 말 사형수인 제가 무기형으로 감형을 받았을 땐 제 기쁨보다 어머니의 기쁨이 더 크셨을 줄 압니다. 제가 새 생명 얻은 것은 어머니의 크고 위대하신 사랑의 결실이며 승리였습니다. 사실 이제 와 말씀이지만 제 목숨을 부지한 것보다 어머니와 온 가족들에게 용서받았다는 것이 더 큰 기쁨이었습니다.

　사랑하는 어머니! 이제 그 옛날 죄인 진태는 사형선고와 함께 죽었고 예수님을 영접함으로 영혼이, 감형을 받으므로 육신이, 새롭게 태어나 새 삶을 살고 있사오니 너무 염려 마시고 어머니의 건강과 여생을 위해 사시길 바랍니다. 그래도 동생들이 어머니 곁에 가까이 있으니 마음이 조금은 놓입니다.

　15년이라는 긴 세월을 담 안에서 지내다 보니 이젠 지루하거나 힘들다는 느낌은 벌써 초월한 지 오래입니다. 오히려 눈에 보이는 세상의 감옥보다 죄책감이라는 마음의 감옥이 더 고통스럽습니다. 또한 걱정이 있다면 다람쥐 쳇바퀴 같은 반복된 삶에 안일무사와 이쯤이면 되겠지 하는 매너리즘에 빠져 영혼이 나태해지지 않을까 하는 것입니다. 늘 건설적인 마음 자세로 영혼의 나태를 경계하고 있습니다.

20대 중반에 여기에 들어왔는데 제 나이 벌써 불혹인 마흔을 넘겼습니다. 거리가 멀어 면회도 힘들고 집으로 돌아갈 날은 기약이 없지만 남은 시간을 진실한 나를 찾는 여행으로 생각하고 성공적으로 여행을 마친 후 기쁨으로 만날 날을 희망 속에 준비하겠습니다.

제 감형에 많은 분들의 노고와 기도가 있었으며 지금도 관심과 사랑으로 지켜보시고 있다는 걸 잘 압니다. 정말 고마우신 분들의 기대에 어긋나지 않도록 긍정적인 마음과 감사로 하루하루에 최선을 다하겠습니다.

사랑하는 어머니! 이제 며칠만 있으면 어버이날입니다. 배 아파 낳으시고 애태우며 길러 주신 어머니 가슴에 카네이션은 커녕 대못을 박아 드렸으니 어쩌면 좋습니까?

어머니!

불효막심한 예전의 정태는 이미 죽고 부활의 주님과 함께 새롭게 거듭난 정태가 이렇게 편지글로 카네이션을 대신하오니 이 글을 생화라 여기시고 마음속에 간직하시길 바랍니다. 제게 불효를 조금이나마 씻을 수 있는 기회를 주시기 위해선 건강하시고 오래오래 사셔야 합니다. 아셨죠?

어머니! 그럼 황사와 일교차 심한 일기에 건강 유의 하시고 주님의 은혜가 넘치시길 기원하오며 오늘도 여기서 두서없는 문안을 줄일까 합니다.

어머니 사랑합니다.

2007년 5월 첫날에
아들 정태 드림

글을 맺으며

　끝으로 교정선교를 하는 목사로서 또한 전직 교도관의 한 사람으로서 다시는 우리 사회에 이러한 끔찍한 죄악들이 없기를 바라고 또 원하는 바이지만, 범죄는 갈수록 잔인해지고 범죄 건수도 늘어간다. 점점 지능적이고 다양한 범죄를 저지르는 초범과 재범자들이 늘어가고 있다. 사람이 땅 위에 사는 동안 범죄는 끊이지 않을 것이다. 우리가 잠시 잊고 있는 순간에도 범죄는 곳곳에서 계속 일어나고 있으며, 세상을 떠들썩하게 했던 사건의 장본인들도 세상 어느 곳(구치소, 교도소)에선가 함께 숨을 쉬며 살아가고 있다.

　이젠 교도소 안에서의 생활도 과거와 같이 그렇게 어렵지 않다. 수용자들의 복지는 많이 좋아졌다. 잘 먹이고 잘 입히고 겨울에 난방을 해서 따뜻하게 재워주고 여름엔 각 방마다 선풍기를 설치해 시원하게 해 주고 신문과 텔레비전까지 구비해 주고 있다. 물론 아직도 고쳐야 할 형집행제도들이 있긴 하지만, 그래도 과거에 비해 많은 개혁과 교정행정의 발전이 이루어졌다. 그래서 어떤 수용자는 "작은 거 한 건 하고 겨울은 교도소에서 나는 것이 낫다"고 말한다. 교정시설이 수용자들이 자신의 죄를 회오 반성 하기보다 사회에 대한 증오심과 가진 자들의 대한 불만으로 기회만 있으면 더 지능적인 범죄를 저지르려고 동료들과 모의하는 장소로 이용되어서는 안 될 것이다.

지금도 물론 교정본부에서는 많은 좋은 프로그램들을 만들고 애쓰는 모습들이 있지만 국가공무원(교도관)들에게만 맡기고 그냥 바라만 보아서는 안 될 것이다. 이제는 국가와 사회전문가와 종교단체가 적극적으로 나서야 할 때가 아닌가 싶다. 뭔가 큰 사건 사고가 터지면, 미봉책 프로그램이 아닌 좀 더 미래지향적이고 재범방지를 위한 꾸준한 준비가 필요하다. 앞으로도 저들을 격려해놓고 방심하면 저들은 별다른 변화 없이 그럭저럭 형기를 마치고 다시금 사회로 나와 제2, 제3의 지능적이고 혐오스러운 범죄를 저지르게 될 것이다.

사실 범죄자들이 형기를 마치고 사회에 나와 보면 사회는 하루가 다르게 너무 많이 달라지고 있고, 전과자에 대한 사회의 냉대로 마땅히 취직할 곳도 없다. 그래서 그들은 사회에 적응하지 못하고 다시금 배운 것은 그것뿐이라 다시금 범죄를 하게 된다. 우리나라도 이젠 선진국 대열에 들어선 만큼 갇힌 자뿐만 아니라 재범방지를 위해 풀린 자들에게도 관심을 가져야 한다.

출소자가 사회에 나와서 적응하고 직장을 구해 자립할 동안만이라도 마음 편하게 숙식을 할 장소, 법무부 갱생보호회가 물론 있긴 하지만 사실 출소자들은 이곳을 피한다. 이런 일들을 국가도 앞서서 하지만 이젠 사회 종교단체들이 적극적으로 나서서 우리 사회에 범죄를 줄이고 국민들이 편안하고 살기 좋은 나라로 만들어 가야 할 것이다. 사실 다는 아니지만 재범을 저지르는 사람들을 보면 별것 아닌

일로 또다시 죄를 짓고 구속되고 전과만 쌓는다. 죄를 지은 사람도 우리 국민인데 죄가 있고 전과가 있다고 버릴 수는 없지 않은가?

개인적인 바람이지만 이젠 우리나라도 선진국 대열에 들어선 만큼 외부 목사들의 봉사활동에 의존한 교도소 종교 활동이 아닌, 전국 교정시설마다 상주하는 목사를 두어 공무원 신분으로 그들을 돌아보고 매일 감방마다 찾아다니며 수용자들을 위해 기도해 줄 수 있도록 해야 한다. 따라서 이와 관련된 여건과 환경, 체계적인 종교교육이 필요하다. 군부대의 군목과 같은 목회자가 교도소 안에서도 수용자들이 사회에서처럼 정상적인 신앙생활을 할 수 있도록 도와주어야 한다. 그곳은 바깥 세상보다 죄가 더 많은 곳이며 죄로 인해 심령이 피폐하고 가난한 자들이 많이 모인 곳인지도 모른다. 그렇다면 그곳은 다른 어떤 곳보다 신앙생활이 더 필요하다. 또한 풀린 자들의 사회복귀를 위한 준비시설도 정부 차원에서 설립하고 갱보 시설도 지금보다 철저하게 관리하고 보다 나은 처우를 할 필요가 있다.

그동안 수많은 수용자들을 만나 선교를 하며, 여러 수용자들과 사형수들을 1대1 또는 2대1로 제자양육을 해왔다. 지금도 세상을 경악케 한 안양지역 어린이 살해사건과 서남부지역 연쇄살인사건, 대전 ○○파사건 등의 최고수들과 구치소에서 월요일과 목요일에 만나 성경공부를 하고 있다. 성경말씀대로 우리는 "악에게 지지 말고 선으로 악을 이겨야 한다." 악을 이기는 방법은 오직 그리스도의 사랑으로 다가가 말씀을 전하는 것이다. 성경은 "사랑은 허다한 죄를 덮는다"고 했다. 앞으로 많은 청년들 혹은 성도들이 주의 길을 가기로 헌신하고 그 길을 계획하는 사람들이 있을 것이다. 여러 종류의 사역과 선교가 있지만, 개인적으로 그들에게 교도소선교에 헌신하라고 권면하고 싶다.

부족한 내가 지금까지 오랫동안 교정선교를 해 오면서 얻은 한마디 결론은 "사랑은 폭력보다 강하다"라는 것이다. 악한 자를 악으로 대하면 그는 더욱 악해질 뿐이다. 모든 사람을 선하게 변화시키는 것은 오직 하나님의 말씀과 그리스도의 사랑밖에 없음을 확신한다. 이 세상에 죄의 경중의 차이는 있지만 죄가 없는 사람은 없고, 누구든 언젠가는 죽음을 맞게 될 것이며 주님의 심판을 거쳐 천국과 지옥으로 향하게 될 것이다. 그러므로 우리는 죄 있는 사람이라고 해서 그를 버려서도 또한 미워해서도 안 될 것이다.

아직도 하나님을 알지 못해 하나님의 존재를 믿지 못하고 의심하며, 주님을 만나지 못하고 영접하지 못한 사람이 있다면, 이 책을 통해 주님의 음성을 듣고 주님을 영접하길 바란다. 그래서 우리 주님의 놀라운 은혜와 사랑을 체험하고 우리 모두 천국에서 꼭 만나 함께 기쁨을 누리기를 간절히 소망한다.

"주 예수 그리스도의 은혜가 이 책을 대하는 모든 자들에게 있을지어다. 아멘!"

교정선교 사진

Love is More Powerful than Violence

최고수 형제 일대일 양육

성경공부 후 간식을 놓고
감사기도를 하는 최고수 형제

추수감사예배
경비교도대원들과
수용자들이 함께 한 연합예배

교정선교 사진 · 221

지존파들이 거처로 사용했던 영광군 군남면 소재 건물

구치소 추수감사예배 후 세례식 장면

교정시설 수용자 찬양예배 (김종찬 목사와 함께)

교정선교사도상 시상식 후
이사님들과 함께

경비교도대 예배 후
성경공부 모임

교도소 복음화를 위한 자선음악회 연습(믿음과행함교회와 연합)

경비교도대 화요 정기예배 후
가수 겸 배우 박지윤 양과 함께

제 14회 교정선교사도상 시상식
(사) 한국교정선교회 주관
(대영교회)

수용자 예배
복음의 메아리 찬양단과 함께

사랑은 폭력보다 강하다

Love Is More Powerful Than Violence

2015년 03월 26일 초판 발행

지 은 이 | 김영석
           캘리그라피: 이보라 / 표지일러스트: 서달원

편   집 | 전희정, 박상민
디 자 인 | 김소영, 김소혜
펴 낸 곳 | 사)기독교문서선교회
등   록 | 제16-25호(1980. 1. 18)
주   소 | 서울시 서초구 방배로 68
전   화 | 02) 586-8761~3(본사)　031) 942-8761(영업부)
팩   스 | 02) 523-0131(본사)　031) 942-8763(영업부)
홈페이지 | www.clcbook.com
이 메 일 | clckor@gmail.com
온 라 인 | 기업은행 073-000308-04-020, 국민은행 043-01-0379-646
           예금주: 사)기독교문서선교회

ISBN 978-89-341-1435-2 (03230)

* 낙장·파본은 교환해 드립니다.

이 도서의 국립중앙도서관 출판시 도서목록(CIP)은 서지정보유통지원시스템 홈페이지(http://seoji.nl.go.kr)와 국가자료공동목록시스템(http://www.nl.go.kr/kolisnet)에서 이용하실 수 있습니다. (CIP제어번호: CIP2015004625)